Wolfgang Radloff

Wir
vom
Jahrgang
1939

Kindheit und Jugend

Impressum

Bildnachweis:

ullstein bild-Horst Prange: S. 7; ullstein bild-Süddeutsche Zeitung: S. 21; ullstein bild-ullstein bild: S. 22, 49 u, 54 o; ullstein bild-LEONE: S. 25; ullstein bild-Gircke: S. 26; ullstein bild-dpa: S. 30; ullstein bild: S. 31, 37, 58 u; Ueberreuter Verlag: S. 47; ullstein bild-Diederichs: S. 51; ullstein bild-Schirner: S. 60
Alle anderen Fotos stammen aus privaten Sammlungen.

Wir danken allen Lizenzträgern für die freundliche Abdruckgenehmigung.
In Fällen, in denen es nicht gelang, Rechtsinhaber an Abbildungen zu ermitteln,
bleiben Honoraransprüche gewahrt.

Mein besonderer Dank gilt Dörte Rahming für die kritische Durchsicht des Manuskriptes und die Auswahl geeigneter Bilder sowie Claus Algenstaedt für wertvolle Hinweise und stimmungsvolle Fotos.

7. Auflage 2025
Alle Rechte vorbehalten, auch die des auszugsweisen
Nachdrucks und der fotomechanischen Wiedergabe.
Gestaltung und Satz: r2 | Ravenstein, Verden
Druck: Druck- und Verlagshaus Thiele & Schwarz GmbH, Kassel
Buchbinderische Verarbeitung: Buchbinderei S. R. Büge, Celle
© Wartberg-Verlag GmbH
34281 Gudensberg-Gleichen • Im Wiesental 1
Telefon: 056 03/9 30 50 • www.wartberg-verlag.de
ISBN: 978-3-8313-3139-0

Liebe 39er!

Die meisten der Menschen, die zwischen 1930 und 1945 geboren wurden, sind ganz wesentlich durch die Erlebnisse während des Zweiten Weltkriegs und die Nachkriegsjahre geprägt worden. Als Kinder ängstigten sie sich in Luftschutzkellern, erlebten Bombenangriffe und sahen für sie unbegreifliche Zerstörungen. Besonders schwer hatten es die Kinder, die mit Eltern und Verwandten als Flüchtlinge oder Vertriebene ihre Heimat verlassen mussten. Viele Kinder verloren ihren Vater im Krieg – ein Verlust, der sicher den größten Einfluss auf ihre Entwicklung in Kindheit und Jugend hatte.

Wenn sich die Generation der „Kriegskinder" an diese Zeit erinnert, stellt sie fest, dass viele der Schreckensbilder im Laufe der Jahre verblasst sind, dass positive und erfreuliche Erlebnisse überwiegen. Das liegt sicher daran, dass wir Kinder die Grausamkeiten des Krieges teilweise gar nicht verstanden, dass wir nichts über die Ursachen der schrecklichen Entwicklungen wussten. Wir haben – so gut es eben ging – in den Tag hinein gelebt und waren froh, wenn wir nicht hungern und frieren mussten und einen Freund zum Spielen fanden.

In den ersten Jahren nach dem Krieg standen in den meisten Familien die gemeinsamen Anstrengungen um die notwendigste Versorgung mit Nahrungs-mitteln und Heizmaterial im Vordergrund. Wir Kinder haben die großen Schwie-rigkeiten dieser Zeit sehr bewusst miterlebt. Die Solidarität der Menschen und ihre Improvisationskunst in den Nachkriegsjahren sind uns lebhaft im Gedächt-nis geblieben.

Die politische Neuorientierung ließ auch nach der Gründung der beiden deutschen Staaten bis in die 50er-Jahre hinein einen gewissen Spielraum im gesellschaftlichen Leben zu. Diese Entwicklung spiegelte sich mehr oder weniger in unserer Erziehung wider, insbesondere im Hinblick auf die pädago-gische Ausrichtung und die gesellschaftlichen Aktivitäten an der Schule. Wir haben von den später viel häufigeren Drucksituationen wenig gespürt und in dieser Hinsicht eine verhältnismäßig unbekümmerte Jugendzeit erlebt.

Wolfgang Radloff

Wolfgang Radloff

Hineingeboren in den Krieg

Inmitten der Kriegsvorbereitungen

Das Jahr 1939 ist gezeichnet durch den Beginn der bis heute größten durch Menschen auf der Erde verursachten Katastrophe – eines Krieges, der zu ungeheurem Leid und millionenfachen Opfern führen sollte. Unter den Auswirkungen dieses Krieges, der in Deutschland seinen Anfang nahm, hatten Generationen von Menschen noch viele Jahrzehnte danach zu leiden.

Chronik

28. Juli 1939
Der erste Einheitsfernseher wird auf der Rundfunkausstellung in Berlin präsentiert.

23. August 1939
Der deutsch-sowjetische Nichtangriffspakt wird in Moskau unterzeichnet.

28. August 1939
In Deutschland werden Lebensmittelkarten eingeführt.

1. September 1939
Mit dem deutschen Überfall auf Polen beginnt der Zweite Weltkrieg.

3. September 1939
England und Frankreich erklären Deutschland den Krieg.

9. April 1940
Dänemark und Norwegen werden durch deutsche Truppen besetzt.

10. Mai 1940
Einmarsch der deutschen Wehrmacht in den Niederlanden, Belgien und Luxemburg.

14. Juni 1940
Deutsche Truppen besetzen Paris.

15. Oktober 1940
Charlie Chaplins Film „Der große Diktator" wird in New York uraufgeführt.

12. Mai 1941
Konrad Zuse stellt die erste vollautomatische Rechenmaschine vor.

22. Juni 1941
Überfall der deutschen Armee auf die Sowjetunion.

19. September 1941
Alle Juden über sechs Jahre müssen den gelben Judenstern tragen.

28. September 1941
Syrien wird unabhängig.

7. Dezember 1942
Großbritannien erklärt Japan den Krieg.

Was ist hier los?

Das konnten wir kleinen unschuldigen Wesen, die in diesem Jahr das Licht der Welt erblickten, natürlich nicht ahnen. Wie alle Neugeborenen davor und danach begrüßten wir die Welt mit einem mehr oder weniger verhaltenen Jubelschrei.

Manche taten diesen Schrei in häuslicher Umgebung nach dem ermunternden Klaps der Hebamme. Häufig hatten sich unsere Mütter aber in die Obhut einer Geburtsklinik begeben. Unsere Väter haben unsere Geburt nicht miterlebt, da zum einen solch eine „Begleitung" nicht üblich war und zum anderen viele Väter bereits in die Kriegsvorbereitungen einbezogen waren. So lagen Versorgung und Pflege von uns kleinen Schreihälsen in den ersten Monaten nahezu ausschließlich in den Händen der Mütter. Und die hatten mit uns reichlich zu tun! Allein das Wickeln war eine aufwendige Prozedur. Zunächst kam eine Windel

1. bis 3. Lebensjahr

aus Stoff, dann folgte eine Zwischenlage aus Tuch, die zwischen den Beinchen angeordnet eine gewisse isolierende Funktion hatte, und zum Abschluss
ein großes Tuch, mit dem wir vom Bauchnabel abwärts bis zu den Füßen
komplett eingewickelt wurden.

So fanden wir uns als gut handhabbares längliches Paket wieder – warm und
geborgen. Erst nach mehreren Monaten bekamen wir Strampler und damit
Bewegungsfreiheit für unsere Beinchen. Oben herum trugen wir Hemdchen
aus Leinen, die Jäckchen waren gestrickt. Da hatten oft die Großmütter ein
gutes Werk getan.

Spazierfahrten im Korbwagen

Wenn wir nicht gerade mit Saugen und Schmatzen unsere Mahlzeiten einnah-
men, war Schlafen unsere Hauptbeschäftigung, entweder in unserem Kinder-
bettchen in der Wohnung oder im Kinderwagen an der frischen Luft. In dem
rundlichen Korbwagen mit den großen Rädern fühlten wir uns besonders wohl.
Unsere Mütter oder unsere großen Geschwister, letztere meist voller Unlust,
haben uns spazieren gefahren. Meist schliefen wir dabei selig und merkten gar
nicht, wenn wir unterwegs von unseren stolzen Müttern den neugierigen

Blicken von Nachbarn und Freunden präsentiert wurden. Wir sollten auf jeden Fall viel an frischer Luft sein, und so standen wir oft auch stundenlang allein im Kinderwagen auf dem Balkon oder im Garten. Hatten die Mütter doch einmal nicht rechtzeitig an unsere Mahlzeiten gedacht, machten wir uns lautstark bemerkbar.

Prominente 39er

Karel Gott.

24. Januar	Joseph Vilsmaier, deutscher Filmregisseur
26. November	Tina Turner, amerikanische Rocksängerin
28. Februar	Erika Pluhar, österreichische Schauspielerin
18. März	Peter Kraus, deutscher Sänger, Schauspieler
26. März	Jens Reich, deutscher Molekular- biologe, Bürgerrechtler
31. März	Volker Schlöndorff, deutscher Filmregisseur
15. April	Claudia Cardinale, italienische Filmschauspielerin
4. Mai	Amos Oz, israelischer Schriftsteller
7. Mai	Volker Braun, deutscher Schriftsteller
14. Mai	Rupert Neudeck, deutscher Journalist, „Cap Anamur"
2. Juli	Rex Gildo, Ludwig Alexander Hirtreiter, deutscher Sänger
11. Juli	Barbara Dittus, deutsche Schauspielerin
14. Juli	Karel Gott, tschechischer Sänger, Schauspieler
25. September	Harald Ringstorff, deutscher Politiker
2. August	Ursula Karusseit, deutsche Schauspielerin
5. Oktober	A. R. Penck, i. e. Ralf Winkler, deutscher Künstler
9. November	Björn Engholm, deutscher Politiker

1. bis 3. Lebensjahr

Alle Hände voll zu tun

Unsere Mütter hatten wirklich alle
Hände voll zu tun, uns Babys
rundum zufriedenzustellen. Da
es entsprechende staatliche
Einrichtungen wie Kinderkrippen
nicht gab und sich nur wenige
Familien ein Kindermädchen
leisten konnten, lag die ganze
Last der Betreuung fast ausschließlich bei den Müttern. Wir

Das ist meine Kutsche.

wollten ja nicht nur regelmäßig verköstigt werden, sondern hatten auch
ständig hygienische Bedürfnisse. Das bedeutete, dass unsere Windelpakete
nicht nur laufend gewechselt, sondern ständig gereinigt werden mussten. Die
Wäsche wurde ausgiebig gespült und anschließend in großen Waschtöpfen
auf der Herdplatte gekocht.

Erheblichen Aufwand erforderte das Baden in einer Babywanne, weil dafür das
Wasser auf der Kochstelle erhitzt werden musste – die wenigsten Wohnungen
hatten ein Bad. Wenn man dann bedenkt, dass in vielen Küchen nur ein Kohlen-
herd vorhanden war, kann man sich die Mühsal dieser Arbeiten vorstellen.

Auf allen vieren durch Haus und Hof

In den ersten Kriegsjahren gab es noch genug zu essen, und wir wuchsen
schnell heran. Bald wollten wir nicht mehr still in unseren Bettchen liegen. Wir
drehten uns auf den Bauch und versuchten mit mühsam erhobenem Köpfchen
etwas von der Welt um uns herum zu erspähen. Wenig später begannen wir zu
krabbeln. Unsere Neugier wuchs. Schön, wenn wir bei unserer Krabbeltour auf
ein Möbelstück stießen, an dem wir uns festhalten und ein wenig hochziehen
konnten. Gefährlich wurde es allerdings, wenn dieses Möbelstück ein Tisch mit
einer überhängenden Decke war, an die wir uns gerne klammerten.
In manchen Familien gab es ein Laufgitter, das uns Kleinen sehr gefiel, da man
sich daran nicht nur hochziehen, sondern auch erste kleine Schritte am Gitter

entlang wagen konnte. Unser Bewegungsdrang wurde immer größer und bald war uns der Kinderwagen zu eng. Viel lieber saßen wir jetzt in einer Sportkarre, die ebenfalls eine rundlich geschwungene Form mit markanten Rädern hatte. Hier konnten wir sitzend doch viel besser sehen, was um uns herum passierte. Manche von uns bekamen ihren ersten kleinen Stuhl mit Rundumlehne, mit dem sich wunderbar im Zimmer herumrutschen ließ. Am liebsten krabbelten wir aber draußen auf einer Decke oder im Buddelkasten herum, wo wir immer aufs Neue unsere Kuchenformen mit Sand füllten.

Am liebsten buddelten wir im Sand.

Hitler-Attentat durch Georg Elser

Am 8. November 1939 zündete der Schreiner Georg Elser im Münchner Bürgerbräukeller eine Bombe, die er zuvor in nächtelanger, riskanter Kleinarbeit in einer Säule direkt neben dem Rednerpult von Adolf Hitler deponiert hatte. Das Attentat misslang, da Hitler den Saal früher als vorgesehen verlassen hatte. Der explodierende Sprengsatz verwüstete den Saal, forderte acht Todesopfer und viele Verletzte. Georg Elser wurde verhaftet, in verschiedene Konzentrationslager verbracht und kurz vor Ende des Krieges auf direkte Weisung von Hitler erschossen. Entgegen vielen Gerüchten, die Georg Elser als Marionette der Nazis bezie-

hungsweise als Werkzeug eines ausländischen Geheimdienstes verunglimpften, haben neuere Forschungen bestätigt, dass er als Einzeltäter in voller Überzeugung handelte. Die Politik Hitlers führte aus seiner Sicht unweigerlich zum Kriege – worin er sich ja zum Zeitpunkt des Attentats auf erschreckende Weise bestätigt sah –, der nur durch den Tod des Diktators zu verhindern war.

Auch wenn die Kritik an Elsers Tat wegen der vielen Opfer nach wie vor nicht völlig verstummt ist, wird sein Andenken heute in einer Forschungs- und Erinnerungsstätte sowie durch die Namensgebung für einige Schulen und Straßen geehrt.

1. bis 3. Lebensjahr

Fröhliches Spiel.

Seltene Väter

Ein besonderes Ereignis war es, wenn unsere Väter, die ja zumeist an der Front waren, zum Wochenende oder für einen kurzen Urlaub nach Hause kamen. Im Sommer fuhren wir oft gemeinsam an einen See in der Umgebung oder an die Ostsee. Am Strand konnten wir stundenlang mit Eimer und Schaufel spielen. Im Winter wurden wir warm „eingemummelt" und vom Vater mit dem Schlitten über die verschneiten Wege gezogen. Leider waren diese Ausflüge recht selten, da unsere Väter, selbst wenn sie nicht unmittelbar zum Kriegsdienst eingezogen waren, auch in zivilen Berufen immer weniger Freizeit hatten. Die jungen Männer und teilweise Frauen wurden zum Reichsarbeitsdienst (RAD) verpflichtet, der mit Kriegsbeginn zunehmend vormilitärische Aufgaben an wechselnden Standorten übernahm.

Reichsarbeitsdienst

Der Reichsarbeitsdienst (RAD) wurde 1935 nach der nationalsozialistischen Machtübernahme als Organisation geschaffen, in der alle Deutschen zwischen 18 und 25 Jahren einen halbjährigen Pflichtdienst zu leisten hatten. Während junge Frauen erst nach Kriegsbeginn in größerem Umfang zu Arbeiten meist in Haus- und Landwirtschaft herangezogen wurden, erfolgte bei den Männern schon früh eine weitgehende Erfassung. So war die Teilnahme am Arbeitsdienst für männliche Bewerber oft Voraussetzung für die Zulassung zum Hochschulstudium.

Vor dem Krieg standen Tätigkeiten in der Land- und Forstwirtschaft, bei Deichbau- und Entwässerungsarbeiten im Mittelpunkt. Im Krieg wurden die Abteilungen des RAD immer häufiger zu kriegswichtigen Arbeiten im Umfeld der kämpfenden Truppen eingesetzt. Dazu gehörten der Ausbau militärischer Anlagen sowie Wege- und Brückenbau. Viele Gruppen wurden auch zu Erschließungsarbeiten für die Rüstungsproduktion und die Beseitigung von Schäden nach Luftangriffen herangezogen. Der RAD war in Arbeitsgaue gegliedert und wurde streng hierarchisch geführt. Die Dienstleistenden trugen erdbraune Uniformen mit Ärmelbändern.

Oma und Opa sind immer dabei

Große Unterstützung kam in diesen Jahren von unseren Großeltern, die unseren Müttern viel geholfen haben, vor allem, wenn es um unser Wohlergehen ging. Sie passten auf uns auf, wenn unsere Mütter arbeiten mussten oder etwas zu erledigen hatten. Sie gingen mit uns spazieren, spielten mit uns und hatten meist eine kleine süße Überraschung dabei. Wenn unsere Großeltern in ihrem Garten oder auf dem Hof ein paar Kleintiere wie Hühner oder Kaninchen hielten, besuchten wir sie besonders gern. Auch unsere ersten Spielsachen waren häufig Geschenke der Großeltern.

Die Plüschtiere und Stoffpuppen der ersten Jahre haben uns über lange Zeit begleitet, obwohl sie vom ständigen Spielen und Drücken bald ziemlich abgenutzt waren. Vor allem beim Einschlafen brauchten wir ihre Gesellschaft. Fanden wir dann bei unserem aufregenden Dasein keine Ruhe, brachten häufig Lutschfinger im Mund den ersehnten Trost. Die später so beliebten Nuckel waren zu unserer Zeit noch nicht so verbreitet. Das Daumenlutschen sahen unsere Eltern gar nicht gerne, weil sie wussten, wie schwer es werden würde, uns diese Trostspender wieder abzugewöhnen.

Alle freuen sich über das neue Auto.

Der Krieg wirft seine Schatten voraus

Eine neue Lebensphase erreichten wir, als wir laufen lernten und damit unseren Erkundungshorizont deutlich erweitern konnten.

Alles war interessant und musste gründlich betrachtet und „begriffen" werden. Wenn unsere Hände dazu nicht ausreichten, wurde der eine oder andere unbekannte Gegenstand mal in den Mund gesteckt, um hinter sein Geheimnis zu kommen. Bald genügte es uns nicht mehr, all die neuen Dinge zu ergründen, wir wollten unsere Entdeckungen unserer Umwelt mitteilen. Mit unverständlichen Lauten fing es an, doch schon bald brachten wir erste vereinfachte Namen der uns vertrauten Personen und Dinge heraus. Das hat sich wohl sehr merkwürdig und putzig angehört, denn mit manchen unserer ersten Wortschöpfungen wurden wir noch viele Jahre danach immer wieder aufgezogen.

Die ersten drei Lebensjahre waren für uns aufregend und – von der einen oder anderen Kinderkrankheit abgesehen – voll ungetrübter Lebensfreude. Für unsere Eltern dagegen wurde die Situation schwieriger und sorgenvoller. Auch wenn in den ersten Kriegsjahren die äußeren Lebensbedingungen ganz erträglich schienen, zeichnete sich das drohende Unheil des Krieges deutlich ab. Erste Bombenangriffe auf deutsche Städte und die Einschränkungen bei der Versorgung ließen ahnen, dass der Krieg nicht nur den Menschen in den von deutschen Truppen überfallenen Ländern großes Leid bringen sollte. Es gab auch unter den deutschen Soldaten bereits zahlreiche Opfer und mehr und mehr Familien, die den Tod von Angehörigen beklagen mussten.

Eine große Last

Frauen wurden zu Witwen, Kinder zu Halbwaisen. Wenn die Rente dann nicht ausreichte, um die Familie durchzubringen, mussten die Mütter Zusatzarbeiten annehmen – und das möglichst in Heimarbeit, um uns Kinder weiter betreuen zu können. Darüber

Auf das Federvieh muss man gut aufpassen.

hinaus nahm die psychische und moralische Belastung der Menschen, die die Verbrechen der Nazis an einzelnen Volksgruppen und vor allem an den Juden schon vor dem Krieg erlebten, in den ersten Kriegsjahren weiter zu. Auch wenn die offizielle Berichterstattung darüber schwieg, sickerten Nachrichten über Gräueltaten der Deutschen an den Kriegsgegnern durch. All diese erschreckenden Erfahrungen und Nachrichten haben in vielen Familien zu großer Verunsicherung und Besorgnis geführt und damit die Aussichten auf das zukünftige Leben und die weitere Entwicklung von uns Kindern überschattet.

Wir lernen laufen und erkunden unsere Umwelt.

Einsteins Brief an Roosevelt

Der Physiker und Pazifist Albert Einstein unterzeichnete am 2. August 1939 einen Brief an den amerikanischen Präsidenten Franklin D. Roosevelt, in dem auf die Gefahr der Entwicklung einer Atombombe in Nazi-Deutschland hingewiesen und eine Beschleunigung entsprechender Forschungsarbeiten in den USA empfohlen wurde.

Aus Deutschland vertriebene Physiker hatten Einstein überzeugt, dass dort intensiv an der Kernspaltung gearbeitet wird und dass eine Kettenreaktion in spaltbarem Uran-Material zum Bau einer Bombe genutzt werden könnte, auch wenn der technologische Aufwand sehr groß wäre. Die auf diesem Wege initiierten Arbeiten liefen in den USA zunächst relativ schleppend an. Die erreichten Fortschritte waren dann aber Grundlage des im Jahre 1942 gestarteten Manhattan-Projekts, das unter gewaltigen personellen und technologischen Anstrengungen schließlich zum Bau der Atombombe führte.

Nachdem die ersten beiden Bomben auf Hiroshima und Nagasaki gefallen waren, zeigten sich viele Physiker – darunter auch Einstein – entsetzt über die furchtbaren Schäden, die diese Waffen angerichtet hatten. Wenige Monate vor seinem Tode im Jahre 1955 gestand Einstein, dass er einen großen Fehler in seinem Leben begangen hätte, als er in dem Brief an Roosevelt den Bau der Atombombe empfahl – gerechtfertigt allein durch die Gefahr, dass die Deutschen sie als Erste besitzen könnten. Die Historiker sind sich aus heutiger Sicht jedoch einig, dass die Atombombe auch ohne Einsteins Engagement gebaut worden, wahrscheinlich aber während des Zweiten Weltkriegs nicht mehr zum Einsatz gekommen wäre.

1. bis 3. Lebensjahr

Kindheit zwischen
Freud und Leid

Große Schwester mit
kleinem Bruder.

Wir entdecken
unsere Umwelt

Nachdem wir das Laufen
gelernt, unseren Tastsinn
erprobt und erste Sprechfertig-
keiten entwickelt hatten, begann
die große Entdeckungstour
unseres jungen Lebens.
Bekanntlich sind es gerade
diese Jahre der frühen Kindheit
und des Vorschulalters, in
denen wir Kinder die größten

Chronik

Lern- und Gedächtnisleistungen vollbringen. Alles war für uns interessant und neu und musste daher hinterfragt werden. Das ständige „Warum", mit dem wir unsere Eltern nervten, war Ausdruck dieses unbändigen Wissensdrangs. Da waren zum Beispiel die vielen Tiere, mit denen wir vor allem auf dem Lande, aber auch in der Stadt Bekanntschaft machten und deren Verhalten unsere Neugier weckte. „Warum schlecken Katzen nicht nur Milch, sondern fressen auch Mäuse? Kann man die großen Katzen, die wir im Tierpark besuchen, nicht auch so streicheln wie unsere Hauskatze?"

Genauso fasziniert schauten wir auf die Pferde, die so einen großen Kasten mit vier Rädern über die Straße zogen. Und wie kam es, dass solch ein Wagen sogar ohne Pferde fahren konnte? Wir merkten uns ganz genau, was unsere Eltern oder die größeren Geschwister dazu sagten. Und wenn sie uns mit einer dummen Antwort abspeisen

Kleine Räuber mit kleinem Raubtier.

wollten, löcherten wir sie mit weiteren Fragen so lange, bis sie sich die Zeit nahmen, eine unserem kindlichen Verständnis entsprechende Erklärung zu finden.

Wann reiten wir endlich los?

Feldpostbriefe und Bombenangriffe

Es gab aber auch Fragen, auf die bekamen wir keine oder nur eine uns unverständliche Antwort. Immer häufiger hörten wir Begriffe wie „vermisst" oder „gefallen", vor allem dann, wenn Frauen in unserer Nachbarschaft einen Feldpostbrief erhalten hatten. Wir bemerkten die traurige Stimmung und die verschleierten Blicke, wenn die Erwachsenen darüber sprachen. Wir konnten aber überhaupt nicht verstehen, wie die Nachricht, dass ein Mann „gefallen" sei – „hingefallen", wie wir meinten – eine derart bestürzende Wirkung haben konnte. Und mit der Zuspitzung der militärischen Auseinandersetzungen an der Front trafen mehr und mehr dieser Feldpostbriefe ein. So sehnlich die Frauen auf eine Nachricht ihrer Männer und Söhne von der Front warteten, so sehr hofften sie, kein solches Schreiben zu erhalten.

Aber auch in unserer häuslichen Umgebung führte das unmittelbare Kriegsgeschehen in zunehmendem Maße zu Angst und Schrecken. Das betraf vor allem die Opfer der sich häufenden Bombenangriffe. In unsere Erinnerung hat sich besonders das grässliche Sirenengeheul eingeprägt, das einen noch heute erschaudern lässt. Beim ersten Sirenenton blieb das allgemeine Leben stehen. Straßenbahnen und Autos hielten an, alle rannten in die Luftschutzkeller. Wenig später folgte der Hauptalarm, dann brummten die Flugzeuge in großen Geschwadern über uns hinweg. Ihre Ziele waren nicht

Einmal Vaters Uniform probieren.

nur die größeren deutschen Städte, auch über kleineren ließen sie ab und zu Bomben fallen. Wir Kinder ängstigten uns sehr, im dunklen, nur von Kerzen erleuchteten Keller zu sitzen und das drohende Brummen der Motoren zu hören. So harrten wir aus, bis die Entwarnung kam. Und das konnte manchmal länger als eine Stunde dauern.

Noch schlimmer war es, wenn unsere Mütter als Luftschutzhelferinnen ausgebildet wurden und abends außer Haus mussten. Ein kleiner Koffer stand gepackt in der Ecke und die Mutter hatte uns eingetrichtert: Bei Voralarm anziehen, Koffer schnappen und schnell in den Keller hinunter – ganz allein. Die rauchenden Trümmerstätten, die wir am nächsten Tag sahen, waren für uns Kinder erschreckend und grauenvoll.

Mit Mutter unterwegs.

Eintopfsonntag

Bereits im Jahre 1933 waren für die deutsche Bevölkerung Eintopfsonntage eingeführt worden. Jeweils an einem Sonntag der Monate Oktober bis März sollten nur einfache Suppengerichte ohne Fleisch, die nicht mehr als eine halbe Reichsmark pro Kopf kosten durften, auf den deutschen Tisch kommen. Die Preisdifferenz zu einem normalen Essen kam offiziell dem Winterhilfswerk (WHW) zugute.

Abgesandte der NS-Volkswohlfahrt sammelten die Spenden in den Privathaushalten ein.

In größeren Städten wurden Gemeinschaftsessen auf öffentlichen Plätzen organisiert. Auf diese Weise bekamen ärmere Leute eine billige warme Mahlzeit, gleichzeitig konnte die Nazipartei die Gelegenheit nutzen, den Zusammenhalt der deutschen Volksgemeinschaft zu propagieren.

Kinderspiele

In den Kriegsjahren gab es zunächst genug zu essen. Mit flotten Sprüchen wie „Butter, Käse, Milch und Quark – diese viere machen stark" wurden ernste Versorgungsengpässe überspielt. Wie überhaupt die offizielle Propaganda bemüht war, die zunehmenden Probleme der Kriegswirtschaft im Lande schönzureden. Das haben wir kleinen Stifte natürlich nicht mitbekommen. Für uns war nur wichtig, genügend Gelegenheit und Platz zum Spielen zu haben.

Da es zu unserer Zeit eher die Ausnahme war, einen Kindergarten zu besuchen, fanden wir unsere Spielplätze vorwiegend im häuslichen Umfeld. Meist haben wir unter freiem Himmel gespielt – auf der Straße, auf dem Hof oder im Garten. Besonders beliebt war das Hinkespiel, bei dem die entsprechenden Felder mit einem Stöckchen in die festgetretene Erde des Hofes geritzt wurden.

Ebenso spielten wir Verstecken mit großer Ausdauer. Mehrere Kinder fanden sich auf den verwinkelten Hinterhöfen zusammen. Einer war dran mit Suchen und rief den unerlässlichen Vers: „Eins, zwei, drei, vier Eckstein – alles muss versteckt sein – hinter mir und vor mir, das gil(de)t nicht – eins, zwei, drei, ich komme!" Wir anderen wollten möglichst lange unentdeckt bleiben und den Suchenden möglichst weit vom Anschlagpunkt weglocken. Dann konnten wir ihn in rasantem Lauf übersprinten, an der Wand anschlagen und das erlösende „frei" herausschreien.

Sonntags werden wir fein gemacht.

Rollerrennen und kaputte Knie

Einige von uns bekamen in dieser Zeit ihren ersten Roller geschenkt, der meist ganz aus Holz gefertigt war – einschließlich der Räder. Da blieben erste schmerzhafte Stürze nicht aus, und so manches Mal kamen wir mit zerschundenen Knien oder Handflächen heulend nach Hause. Wenn es aber um den sportlichen Vergleich beim Rollerrennen mit den Nachbarskindern ging, vergaßen wir diese trüben Erfahrungen ganz schnell. Wer größere Geschwister hatte, durfte mal mit den vierrädrigen Karren mitfahren, die sich diese oft selbst zusammengebaut hatten. Manche Handwagen besaßen eine kleine Deichsel, sodass man sich von anderen Kindern ziehen lassen konnte. Die ganz Cleveren hatten sich bei den Großen abgeguckt, wie man – auf dem Wagenrand sitzend – die Deichsel mit den Füßen steuern und so einen Berg allein herunterrollen kann. Das machte natürlich einen Riesenspaß.

Noch besser als ein Roller ist das Dreirad.

Winterfreuden

Im Winter tummelten wir uns vor allem auf der Rodelbahn. Damals waren die Winter nicht nur richtig kalt, sondern auch schneereich, sodass wir laufend mit dem Schlitten unterwegs waren. Da während des Krieges nur wenige Autos fuhren, konnte die Rodestrecke ruhig auf eine Straße führen. Ein großes Spektakel gab es, wenn wir mit zwei aneinandergekoppelten Schlitten den Berg hinunterfuhren, was meist mit dem Umkippen beider Gefährte und großem Kreischen endete. Wer keinen Schlitten hatte, vergnügte sich auf der Schlitterbahn. Es war erstaunlich, wie schnell solch eine Kinderschar eine spiegelglatte Rutschbahn zustande brachte, auf der wir mit schwungvollem Anlauf jedes Mal ein wenig weiter schlittern konnten. Wir bevorzugten die ebene Straße, auf der nur selten ein vorbeifahrendes Auto störte.

Das ist meins!

Wenn wir bei schlechtem Wetter
nicht draußen sein konnten,
besannen wir uns auf unser
Spielzeug zu Hause. Wir spielten
mit unseren Teddys und Puppen,
mit einem Pferdestall oder einer
Puppenstube aus Holz. Die
wenigen Spielsachen, die immer
wieder geflickt und repariert werden
mussten, liebten wir heiß und innig. So
schön es war, wenn wir zum Spielen

Wer zieht mich?

nahezu gleichaltrige Geschwister hatten, so oft kam es zu Streitigkeiten um die
geliebten Gegenstände. Solche Auseinandersetzungen waren aber sofort
vergessen, wenn es darum ging, seinen Bruder oder seine Schwester bei Streit
mit anderen Kindern außerhalb der Familie zu verteidigen.

Landverschickung und Flüchtlingsströme

In den letzten Kriegsjahren verschlechterten sich die allgemeinen Lebensbedingungen in Deutschland dramatisch. Das betraf vor allem die Bewohner der
Städte, die größere Probleme mit dem Beschaffen der notwendigsten Lebens-
mittel, von Kleidung und Heizmaterial hatten. Die wichtigsten Güter waren
längst rationiert und reichten für die Versorgung – insbesondere von Kleinkin-
dern – bei Weitem nicht aus. Da die Bombenangriffe auf die Städte drastisch
zunahmen, haben uns unsere Eltern, wenn sie irgendeine Möglichkeit dafür
fanden, von der Stadt aufs Land geschickt. Häufig waren es die Großeltern, die
wir schon oft besucht hatten und die uns jetzt aufnahmen. Andere Kleinkinder
wurden mit ihren Müttern im Rahmen einer staatlich organisierten „Mutter-
Kind-Verschickung" bei Gastfamilien in sicheren Gebieten untergebracht.

Unvergleichlich schwerer hatten es dagegen die Kinder in den deutschen
Ostgebieten, deren Eltern sich angesichts der näher rückenden Kriegsfronten
entschlossen, ihren Wohnsitz zu verlassen und in Richtung Westen zu ziehen.

Dabei war anfänglich ein halbwegs gere-
gelter Umzug möglich, bei dem die
Familie wenigstens einen Teil ihrer Einrich-
tung mitnehmen konnte. In den letzten
Kriegsmonaten dagegen kam es zu einer
chaotischen Fluchtbewegung der Menschen aus den Ostgebieten. Zahllose
Familien begaben sich mit nur wenigen
Habseligkeiten auf die Flucht, auf einen
Weg voll unvorstellbarer Strapazen und
unbeschreibbarer Leiden.

Mutter-Kind-Verschickung.

Das Stauffenberg-Attentat

Der deutsche Offizier Claus Schenk Graf
von Stauffenberg war eine der zentralen
Personen des militärischen Widerstands
während des Zweiten Weltkriegs. Er führte
persönlich das Attentat vom 20. Juli 1944
auf Adolf Hitler aus. Zunächst ein Sympa-
thisant des Nationalsozialismus, war
Stauffenberg wegen des verbrecheri-
schen Charakters der Kriegsführung und
der aus seiner Sicht unvermeidlichen
militärischen Katastrophe zu einem aktiven
Gegner des Naziregimes geworden.
Gemeinsam mit weiteren hochrangigen
Generälen und Offizieren der Wehrmacht
bereitete er den als „Operation Walküre"
bezeichneten Staatsstreich vor, der nach
der Tötung Adolf Hitlers von ihm geleitet
werden sollte. Die Widerstandsgruppe
hatte bereits die Mitglieder einer Nachfol-
geregierung benannt. Eine Stabsbespre-
chung am 20. Juli im Führerhauptquartier
Wolfsschanze bei Rastenburg in Ostpreu-
ßen, zu der auch Stauffenberg geladen
war, bot die Gelegenheit zum Attentat. Es

gelang Stauffenberg, eine Sprengladung
in einer Tasche zu zünden, die er direkt
neben Hitlers Platz abgestellt hatte. Die
Explosion tötete vier Teilnehmer der
Besprechung, während Hitler und 19
weitere Anwesende überlebten.

Stauffenberg, der nach Berlin geeilt
war, glaubte, Hitler sei tot und löste die
Operation Walküre aus. Diese lief aber
nur zögerlich an, da es keine Bestätigung
über den Erfolg des Attentats aus dem
Hauptquartier gab. Am späten Abend
brach die Aktion zusammen, als Hitler
sich in einer Rundfunkansprache zu Wort
meldete. Noch in der selben Nacht
wurden Stauffenberg und drei Mitver-
schwörer im Hof des Bendlerblocks in
Berlin erschossen.

Wie viel Elend und wie viele Kriegsopfer
wären Deutschland und den anderen am
Krieg beteiligten Völkern erspart geblieben, wenn die patriotische Tat des
deutschen Widerstands um Stauffenberg
Erfolg gehabt hätte!

Frieden und die Folgen des Krieges

Flüchtlingsströme aus dem Osten.

Ein Ende mit Schrecken

Zum Ende des Krieges waren wegen ihrer geringeren Gefährdung die kleineren Städte, vor allem in Mitteldeutschland, bevorzugtes Ziel der anschwellenden Flüchtlingsströme. In manchen Städten hatte sich die Einwohnerzahl innerhalb der letzten Kriegsmonate nahezu verdoppelt. Katastrophale Zustände bei Unterbringung und Ernährung waren die Folge. Außerdem wuchs unsere Furcht vor den herannahenden Besatzungstruppen – die Nazipropaganda hatte nichts unterlassen, Angst und

Chronik

13./14. Februar 1945
Zerstörung Dresdens durch angloamerikanische Bomber.

11. April 1945
Amerikanische Truppen befreien das KZ Buchenwald.

8. Mai 1945
Bedingungslose Kapitulation der deutschen Wehrmacht.

2. August 1945
Potsdamer Konferenz der Siegermächte.

6. August 1945
Erste Atombombe auf Hiroshima abgeworfen.

21./22. Juni 1946
Vereinigungsparteitag von SPD und KPD zu SED in Berlin.

30. September 1946
Im Nürnberger Kriegsverbrecherprozess werden die Urteile verkündet.

15. Oktober 1946
Der erste deutsche Nachkriegsfilm „Die Mörder sind unter uns" von Wolfgang Staudte wird uraufgeführt.

10. Dezember 1946
Hermann Hesse erhält den Literatur-Nobelpreis.

14. August 1947
Der Staat Pakistan wird gegründet.

16. November 1947
In Palästina beginnt Großbritannien seine Truppen abzuziehen.

20./21. Juni 1948
Die Währungsreform wird in den drei Westzonen durchgeführt.

23. Juni 1948
Die Währungsreform findet in der sowjetischen Besatzungszone statt.

24. Juni 1948
Beginn der Blockade Westberlins durch die UdSSR.

9. Dezember 1948
Die Vollversammlung der Vereinten Nationen verabschiedet die Deklaration der Menschenrechte.

Schrecken vor den anrückenden Feinden, insbesondere den Russen, zu schüren. Oft fiel der Strom aus, sodass die „mutigen" Bewohner nicht mehr Radio London hören konnten, wichtigste Quelle für neueste Informationen.

Was wir Kinder erst viel später verstanden, war das chaotische und grausame Verhalten jener Menschen, die bis zuletzt an das Naziregime glaubten. Die einen, die hohe Strafen erwarteten, flüchteten in westliche Richtung, während die anderen – mehr die Mitläufer – alle Symbole ihrer Unterstützung des Hitlerregimes zu vernichten trachteten. Schriftstücke, Bücher und Fahnen wurden verbrannt, Ehrenabzeichen und Waffen weggeworfen oder vergraben. Ganz schlimm waren jedoch die Fanatiker, die selbst in den letzten Tagen, als das Ende des Krieges längst feststand, unmenschliche Verbrechen verübten. So wurden Fälle bekannt, wo blindwütige SS-Leute unschuldige Menschen öffentlich hinrichteten, die ihre Erleichterung über das Ende des mörderischen Krieges geäußert hatten.

Erst die Amis, dann die Russen

Nach den Flüchtlingen kamen die Besatzer. Die Anwesenheit der zunächst einrückenden amerikanischen

Soldaten haben viele von uns in lebhafter Erinnerung, weil wir das erste Mal in unserem Leben dunkelhäutige Menschen sahen. Sie kauten nicht nur selbst Kaugummi, sondern gaben uns sogar davon ab. Anfang Juli 1945 zogen die Truppen der Roten Armee ein – die Gebiete östlich der Elbe fielen ja der russischen Seite zu. Die Russen kamen in großer Zahl und richteten sich auf langes Bleiben ein.

Neben den Kasernen wurden zahlreiche Verwaltungsgebäude, Schulen und Turnhallen besetzt und als Kommandantur, Lazarett oder Kasino genutzt. Ganze Wohnviertel wurden für russische Offiziere und ihre Familien beschlagnahmt. Die Soldaten waren zu uns Kindern ganz freundlich und verteilten oft Süßigkeiten. Wir bestaunten ihre Panjewagen, amüsierten uns köstlich über ihre unbeholfenen Fahrversuche mit dem Fahrrad und erschraken vor der Brutalität, mit der sie betrunkene Kameraden behandelten. Die Sprache war uns natürlich völlig unverständlich, und von ihren Marschliedern blieb in unseren Ohren nur etwas hängen, das wie „Leberwurst, Leberwurst" klang. Später lernten wir, dass sie „gdje nibudj, gdje nibudj" sangen, was „irgendwo, irgendwo" bedeutete, wo der russische Soldat stirbt. Viel besser gefielen uns die russischen Chöre und Tanzensembles, die wir in den Folgejahren häufiger bewundern konnten. Vor allem die mächtigen Bassstimmen der Sänger und die akrobatischen Tanzeinlagen beim „Kasatschok" fanden wir ganz toll.

Erste Freundschaft.

Alle rücken zusammen

Die Besatzung führte natürlich dazu, dass in der ohnehin von Flüchtlingen überfüllten Stadt der Wohnraum noch knapper wurde. Die Folge war eine Zwangsbewirtschaftung durch die Behörden. So gut wie jede Familie bekam mehrere Untermieter in ihre Wohnung oder ihr Haus zugewiesen, wobei eine Belegung mit drei Personen pro Raum keine Ausnahme war.

Noch posieren Soldaten der LS- und der Roten Armee gemeinsam.

Das bedeutete, dass wir uns Küche, Keller und Waschgelegenheit mit einer fremden Familie teilen mussten, was, zumindest am Anfang, zu Reibereien und Streitigkeiten führte. Hinzu kam, dass die meisten Wohnungen kein Bad, nur Ofenheizung und eine Außentoilette hatten. Unsere Eltern störte die Anwesenheit der Fremden in „ihren" Räumen jedoch weit mehr als uns Kinder.

Flucht und Vertreibung

Das Ende des Zweiten Weltkriegs löste eine beispiellose Flucht- und Vertreibungswelle in Ost- und Mitteleuropa aus. In den letzten Kriegsmonaten flüchteten Millionen Deutsche vor der heranrückenden Roten Armee nach Westen. Die nationalsozialistische Durchhaltepropaganda hatte dazu geführt, dass viele Menschen die Flucht bis zuletzt hinausschoben und im letzten Kriegswinter oft erst inmitten von Kampfhandlungen loszogen. Deshalb konnten die Flüchtlinge meist nur die notwendigsten Habseligkeiten mitnehmen und waren auf der wochen- und monatelangen Flucht Hunger, Kälte und Krankheiten schutzlos ausgeliefert.

Russische Tiefflieger verbreiteten zusätzlich Tod und Schrecken. Hunderttausende verloren auf der Flucht ihr Leben, zahllose Familien wurden auseinandergerissen. Nach Kriegsende begann die Vertreibung der Deutschen aus Ost- und Mitteleuropa – zunächst durch die Regierungen der betreffenden Länder veranlasst und dann durch die Beschlüsse des Potsdamer Abkommens legalisiert. Immer mehr Menschen strömten in das Gebiet der vier Besatzungszonen. Etwa zwölf Millionen heimatlose Menschen waren unterwegs, nicht nur Flüchtlinge und Vertriebene, sondern auch entlassene Soldaten, Evakuierte und Überlebende aus Konzentrationslagern.

Die Flüchtlinge wurden in Lager und Notquartiere eingewiesen oder bei Privatfamilien untergebracht. Nicht selten gab es dabei Schwierigkeiten im Zusammenleben von Einheimischen und Vertriebenen. Dennoch war die Integration von Millionen Menschen, die sich über Jahre hinzog, eine herausragende Leistung in den Wirren der Nachkriegszeit.

 7. bis 10. Lebensjahr

Voll bepackt kehren die Menschen vom Hamstern zurück.

Hamsterfahrten aufs Land

Am schlimmsten waren in den ersten Nachkriegsjahren die Sorgen um das tägliche Brot. Da die kargen Zuteilungen von Lebensmitteln auf Karte absolut nicht ausreichten, waren unsere Familien alle auf zusätzliche Quellen angewiesen. Die Hauptlast lag bei unseren Müttern, da die Väter, wenn sie aus dem Krieg schon zurückgekehrt waren, zumeist einer Arbeit nachgingen. Meist zogen sie zu Fuß los an den Rand der Stadt oder mit dem Zug in die umliegenden Dörfer. Dort tauschten sie unsere Familienwertstücke in alle nur irgendwie essbaren Früchte des Feldes oder der Gärten. Wenn sie Glück hatten, brachten sie neben Kartoffeln, Rüben und Wruken sogar ein wenig Butter oder Speck mit nach Hause. Die Demütigung ihrer Tausch- und Betteltour war schnell vergessen, wenn wir Kinder uns freudig über die Beute hermachten.

Mit viel Improvisation gelang es unseren Müttern, sogar etwas Abwechslung in den kargen Speiseplan zu bringen, zum Beispiel mit Schmalzersatz aus Grieß und Zwiebeln oder mit schmackhaftem Eintopf aus Futterrüben. So karg wie das Essen, so ärmlich war auch unsere Kleidung. Hosen und Röcke waren abgetragen, manches hatten unsere Mütter aus abgelegten Sachen der Eltern oder Großeltern umgearbeitet.

Neue Schüler, neue Lehrer

Im Herbst 1945 wurden die ersten Schulen wiedereröffnet. Lehrer, die in der NSDAP waren, durften nicht mehr unterrichten. Sie wurden ersetzt durch zugezogene, unbelastete oder reaktivierte Lehrer im Pensionsalter und durch Neulehrer, die eigentlich aus anderen Berufen kamen und in Schnellkursen umgeschult wurden. Schwierig war es insbesondere, die für den Unterricht sofort benötigten Russischlehrer zu finden. Aber von all diesen Problemen wussten wir Kinder, die nun die ersten Zöglinge des Schulbetriebs nach der Schulreform werden sollten, natürlich nichts.

Der erste Schultag

Der erste Schultag war ein besonderer Tag. Was wurde nicht im Voraus alles darüber geredet „Warte nur, wenn du erst in die Schule kommst!" Und dann gingen wir in Begleitung unserer Eltern mit dem Tornister auf dem Rücken los. Bei einigen war allerdings nur die Mutter dabei, weil der Vater in Gefangenschaft oder, viel schlimmer, im Krieg gefallen war. Längst nicht jeder von uns hatten eine Schultüte im Arm. Und wenn, war vielleicht nicht mehr drin als ein Brötchen und ein Apfel, die Spitze unten mit Papier ausgestopft. Aber all das tat der Spannung keinen Abbruch, als auf dem Schulhof die Eltern zurückblieben und wir zum ersten Mal mit all den fremden Kindern im Klassenraum zusammentrafen. Für manche war die Anspannung in der neuartigen Umgebung so groß, dass es ihnen ein paar Tränen in die Augen trieb.

Gut waren natürlich die dran, die zusammen mit einem Freund aus der Nachbarschaft in die Klasse kamen. Die Wahrscheinlichkeit dafür war gar nicht so klein. Denn zum einen stammten die Kinder zur Vermeidung langer Schulwege zumeist aus dem gleichen Wohnbezirk, und zum anderen waren die Klassen mit bis zu vierzig Kindern sehr groß. Wie die Lehrer es geschafft haben, diesen

Ameisenhaufen zur Ruhe zu bringen – und dies nicht nur am ersten Tag, sondern in der Folgezeit bei weit weniger Zurückhaltung der Schüler – das ist aus heutiger Sicht ein Rätsel. Damals war übrigens in der Grundschule der Unterricht zumeist nach Jungen und Mädchen getrennt.

Der lang ersehnte Tag der Einschulung.

Schwieriger Start

Die schulischen Voraussetzungen bei diesem Schwarm von Kriegskindern waren extrem verschieden. So gab es erhebliche Altersunterschiede, weil einige von uns wegen der Wirren zum Kriegsende verspätet eingeschult wurden. Manche dieser älteren Erstklässler konnten schon ein bisschen lesen, schreiben und rechnen, sodass sie in den ersten Wochen eher unterfordert waren. Viele jedoch hatten durch Flucht und Vertreibung nicht nur keine Gelegenheit zu ersten Lernversuchen gefunden, sondern waren durch traumatische Erlebnisse gezeichnet. Aber alle mussten sich nun zusammenfinden, um das erste Mal in ihrem Leben gemeinsam mit so vielen anderen Kindern still in der Schulbank zu sitzen und den Anweisungen des Lehrers zu folgen.

Atombombe auf Hiroshima

Am 16. Juli 1945 wurde die erste Atombombe, die im Rahmen des amerikanischen „Manhattan-Projekts" gebaut worden war, in der Wüste von New Mexico erfolgreich getestet. Unmittelbar danach ordnete der Präsident der USA, Harry S. Truman, den Einsatz der Atombombe auf eine Stadt in Japan an. Auf diese Weise sollte das Ende der kriegerischen Auseinandersetzungen mit Japan beschleunigt und das Leben vieler US-Soldaten gerettet werden. Zwar hatten die US-Streitkräfte die völlige Lufthoheit über Japan, und über eine Kapitulation des Inselstaates wurde bereits verhandelt. Dennoch fürchteten die amerikanischen Befehlshaber weitere militärische Opfer und das mögliche Eingreifen der UdSSR zuungunsten Amerikas. Warnungen einzelner Militärs und Wissenschaftler, diese neuartige Waffe nicht als Erste einzusetzen, wurden ignoriert.

Als Ziel der ersten Bombe wurde Hiroshima ausgewählt – eine bis dahin wenig zerstörte Großstadt, in der sich keine Kriegsgefangenenlager befanden. Am 6. August 1945, 8.15 Uhr Ortszeit, detonierte die erste Atombombe etwa 580 Meter über der Stadt. Ein riesiger Feuerball mit extrem hohen Temperaturen und einer gigantischen Druckwelle zerstörte die Stadt nahezu vollständig. Mehr als 80 000 Menschen waren sofort tot, 60 000 Einwohner starben in den Folgewochen an den Auswirkungen der radioaktiven Strahlung. Das Ausmaß dieser Katastrophe hatten selbst die Experten nicht vorhergesehen. Trotzdem zündete die amerikanische Luftwaffe nur drei Tage später über Nagasaki eine weitere Bombe mit ähnlich verheerender Wirkung.

Mit Griffel und Schwamm

Zuerst schrieben wir nur Buchstaben, bald schon einfache Wörter. Dafür hatten wir alle das gleiche Handwerkszeug: eine Schiefertafel mit mehreren Griffeln, die einem hölzernen Griffelkasten entnommen wurden. An der Schiefertafel hing, an einem Bindfaden befestigt, ein feuchter Schwamm zum Korrigieren des Geschriebenen, der – um den Inhalt der Schultasche nicht nass werden zu lassen – aus der Mappe heraushing. Wenn wir mit dem Ranzen auf dem Rücken losrannten, schlenkerte er mit lustigen Bewegungen herum.

Beim Schreiben gaben wir uns viel Mühe, hingen mit gesenktem Kopf über unseren Schiefertafeln und kratzten mit ungelenken Bewegungen die ersten Schriftzeichen. Dabei übertrieb der eine oder andere schon mal den Krafteinsatz, was zu schrecklichen Quietschgeräuschen des Griffels auf der Tafel führte. Mit viel Geduld korrigierte die Lehrerin die Übereifrigen und nach einigen Wochen wurden die Kratzgeräusche seltener.

Wenn das Klingelzeichen das Ende einer Unterrichtsstunde anzeigte, stürmten wir mit großem Hallo auf den Schulhof. Wir tobten herum, spielten Fangen und Abschlagen und tankten frische Luft. Wer sich beim Fangen spielen ungeschickt und tollpatschig anstellte, stand bald abseits und wurde gehänselt. Schon sehr früh bildeten sich erste Rangordnungen und Gruppen heraus – eine Tendenz, die sich in den Folgejahren drastisch verstärkte.

Jungen und Mädchen gehen in getrennte Klassen.

 7. bis 10. Lebensjahr

Schichtunterricht und Schulspeisung

Die ersten Schuljahre waren durch Provisorien und Ausfälle gekennzeichnet. Besondere Probleme bereitete die Heizung der Schulräume. So wurden zum Beispiel im strengen Winter 1946/1947, in dem das Thermometer oft unter minus 20 °C fiel, die Weihnachtsferien verlängert und der Unterricht im Februar und März auf eine halbe Stunde täglich beschränkt.

Als nach dem ersten Schulhalbjahr keine gedruckten Zeugnisformulare verfügbar waren, schrieben wir uns diese nach einem vorgegebenen Muster selbst. Die Lehrerin trug in die mit kindlicher Schönschrift gefertigten Exemplare unsere ersten Zensuren für Schreiben, Lesen, Rechnen, Heimatkunde und Singen ein. Unsere Eltern bestätigten mit ihrer Unterschrift, dass sie die Leistung ihrer Sprösslinge zur Kenntnis genommen hatten – wie später auf jedem richtigen Zeugnis.

In vielen Schulen wurde der Schulunterricht sowohl vormittags als auch nachmittags durchgeführt – es gab einfach zu wenig Räume. Für uns Erstklässler war das natürlich eine enorme Belastung. Die einzige große Pause war dann die Mittagspause, in der es die Schulspeisung gab. Die kostete nichts, fast alle aßen mit. Das Essbesteck mussten wir selbst mitbringen. Meist gab es Eintopf oder Milchsuppe. Insbesondere der Geruch von Nudelsuppe prägte die Kellerräume der Schule, in denen das Essen ausgegeben wurde. Später gab es dann noch ein Roggenbrötchen dazu.

Andrang bei der täglichen Schulspeisung.

Schularbeiten am Küchentisch

Nach der Mittagspause konnten wir, wenn kein Nachmittagsunterricht angesagt war, nach Hause gehen. Einen Schulhort oder ähnliche Einrichtungen für gemeinsame Aktivitäten in der Schule gab es in den Anfangsjahren nicht. Die Hausaufgaben wurden folglich zu Hause gemacht. Allzu viele konnten es nicht sein, so groß war die Schiefertafel ja nicht.

Unseren Eltern fiel es in den ersten Jahren nach dem Krieg sehr schwer, uns bei den Schularbeiten zu betreuen, hatten sie doch mit dem täglichen Kampf um Nahrung und Heizung alle Hände voll zu tun. Schön, wenn größere Geschwister oder die Großeltern in der Nähe waren, um den Schulanfängern ein wenig zu helfen.

Später begannen wir mit Federhalter und Tinte zu schreiben. Das bedeutete immerwährendes Spritzen und Klecksen. Wir hatten tintenblaue Finger, manchmal sogar Spuren im Gesicht.

Kartoffelstoppeln und Kohlenklausen

Die Hausaufgaben beanspruchten in den ersten Schuljahren nur einen Bruchteil unserer Freizeit. Wir hatten viel Zeit zum Spielen, mussten aber auch zu Hause helfen. Gleich nach Kriegsende hatten viele Arbeiten mit der Beschaffung von Lebensmitteln zu tun. So wurden wir auf die Felder oder in den Wald mitgenommen, wo das Sammeln von Ernteresten, wie zum Beispiel das Stoppeln auf abgeernteten Kartoffelfeldern oder von Waldfrüchten, angesagt war. Wenig beliebt war dabei das Pflücken von Blaubeeren, weil man bei diesen kleinen Dingern ewig brauchte, um die um den Hals baumelnde Blechbüchse zu füllen. Das war so mühselig und fürchterlich langweilig, dass man sich gar zu gern einem kleinen Schläfchen auf dem samtweichen Waldboden hingab.

Da die ersten Nachkriegswinter extrem kalt und lang waren, reichte das auf Kohlenkarten erhältliche Heizmaterial nicht mal ansatzweise aus. So mussten wir alle mithelfen, Brennholz und Kohlen zu beschaffen. Holz ließ sich in begrenztem Umfang auf Abrissplätzen und im Wald finden, bei Kohlen war das Geschäft jedoch wesentlich schwieriger.

Die harmlose Variante bestand darin, auf Straßen und Bahnhöfen nach Briketts zu suchen, die beim Transport heruntergefallen waren und die in die große Tasche gestopft wurden, die wir immer dabeihatten. Kritischer war es, wenn wir auf dem Güterbahnhof augenscheinlich unbewachte Kohlenwaggons stehen sahen. Blitzschnell rauf und Kohlen runterwerfen, hieß es, denn die Wächter waren nicht zimperlich.

Selbstversorgung

Um das Problem der Lebensmittelknappheit ein wenig zu mildern, wurden brachliegende Flächen oder sogar Grünanlagen als Schrebergärten freige-geben, auf denen unsere Eltern Obst und Gemüse anbauten. Bei der Arbeit auf diesem „Acker", wie wir den entstehenden Garten verächtlich nannten, waren wir Jungen gefordert. Das gefiel uns natürlich gar nicht, weil es zunächst nicht einmal etwas zu ernten gab. Aber der Vater war unerbittlich. Umgraben, Harken, Hacken und Unkrautjäten haben wir mit den Jahren zunehmend besser gekonnt. Überhaupt haben wir in dieser Zeit aus der Not heraus eine ganze Reihe von Tätigkeiten gelernt, die heute von Kindern kaum verlangt werden.

So brachten es selbst wir Jungen zu erstaunlichen Fertigkeiten: Waren die Socken durchgelaufen, mussten sie gestopft werden. Drohten im Winter Erkältungen, wurden Schals aus Wolle gestrickt, die wir durch Aufräufeln von gebrauchten Pullovern gewannen. Kartoffelschälen und Geschirrspülen waren die einfachsten Übungen.

Eine Beschaffungsmaßnahme besonderer Art, zu der wir kleinen Stifte von unseren Erziehungsberechtigten in dem einen oder anderen Fall genötigt wurden, war das Sammeln von Zigarettenkippen auf den Gehwegen, die dann

– entsprechend aufbereitet – den schmerzlich vermissten Glimmstängel lieferten. Wenn uns dabei der Zufall in einer unzugänglichen Ecke ein blinkendes Geldstück finden ließ, fühlten wir uns für die würdelose Tätigkeit entschädigt.

Viel mehr Spaß machte es uns, wenn zur Belebung des Speiseplanes im Garten oder auf dem Hof Kleintiere wie Kaninchen oder Hühner gehalten werden konnten. Für das Heranschaffen von Futter sowie die notwendigen Streicheleinheiten waren hauptsächlich wir Kinder zuständig. Beim Schlachten unserer Lieblinge zuzusehen, blieb uns glücklicherweise erspart.

Lebertran gegen Mangelerscheinungen

Trotz aller Bemühungen um eine ausreichende Ernährung und Versorgung blieben Mangelerscheinungen und Krankheiten bei uns Kindern in den Nachkriegsjahren nicht aus. Das war weniger durch Unterernährung als durch einseitige und vitaminarme Kost bedingt. Trotz mehrfacher Impfungen und regelmäßiger Röntgenuntersuchungen traten Kinderkrankheiten wie Diphtherie und Masern, aber auch Tuberkulosefälle vermehrt auf. Zur Vorbeugung und Stärkung wurde uns Kindern daher täglich ein Löffel Biomalz oder – viel ekliger – ein Löffel Lebertran verabreicht. Bei der Erinnerung daran schüttelt's einen noch heute.

Aber auch die Behandlung von Hautausschlag oder Ekzemen bereitete große Mühe, weil Verbandsmaterial und Pflaster nur durch Abklappern vieler Apotheken zu beschaffen waren – wiederum eine Aufgabe für die lauffreudigen Kinder. Manche von uns waren ganz einfach unterernährt. Wir wurden „aufs Land verschickt": sechs Wochen Kur, in denen wir viel an der frischen Luft waren und etwas mehr zu essen bekamen. Am Ende hatten wir schon mal ein paar Kilo mehr auf den Rippen.

Gummibälle und Lumpenpuppen

Bei den Jungen stand von frühester Jugend an das Fußballspiel an erster Stelle. Irgendwo fand sich immer ein Plätzchen zum „Bolzen". Wenn ein Ball fehlte, musste ein geeigneter Kieselstein oder ein Holzstück herhalten, was natürlich dem Schuhwerk sehr abträglich war und zu heftigen Reaktionen der Eltern führte. Völlig ungeeignet für das Fußballspiel waren die Holzpantinen, die einige von uns in den ersten Nachkriegsjahren trugen. Die Igelitschuhe, die aus einem weichen, dunklen Kunststoff bestanden und in denen die Füße ungesund schwitzten, waren auch nicht besser. Umso mehr freuten wir uns später über Stoff- und Kunstlederschuhe sowie die ersten Gummibälle, die der eine oder andere Junge, meist aus Westpaketen, auf den Fußballplatz mitbrachte.

Die Mädchen hüpften mit dem Seil und übten Handstand an der Hauswand, oder sie benutzten die behelfsmäßige Schaukel am Baum des Hinterhofs. Da es keine „richtigen" Puppen gab, haben die Mütter welche aus Lumpen selbst gebastelt.

Die Kugel rollt

Eine ganz neue Qualität unserer Kinderspiele wurde begründet, als die Ersten mit Murmeln auftauchten. Die waren so schön bunt, dass jeder sie in der Hand halten und bestaunen wollte und jedes Spiel, in ihren Besitz zu gelangen, höchst willkommen war. Also wurden überall, wo der Boden es zuließ, Murmellöcher in den Boden gekratzt. Aus einem gehörigen Abstand mussten die Kontrahenten versuchen die Murmeln in dieses Loch zu werfen. Wer nicht traf, durfte das

Indianer im heimischen Garten.

anschließend mit gekrümmtem Zeigefinger in wohl bestimmter Reihenfolge nachholen. Die Reihenfolge ergab sich – ganz ähnlich wie beim Boccia – aus dem Abstand der eigenen Murmel zum Loch. Glücklicher Gewinner aller ausgeworfenen Kugeln war der, der die letzte Murmel ins Loch bugsierte. Je mehr Teilnehmer das Spiel hatte, desto größer selbstverständlich die Zahl der zu gewinnenden Murmeln.

Anfangs spielten wir mit ganz einfachen Murmeln, den „Lehmbuckern", die bei unterschiedlicher Farbe alle etwa die gleiche Größe hatten. Später kamen Stahlkugeln unterschiedlicher Größe hinzu, die wahrscheinlich aus zerlegten Kugellagern stammten. Es war gar nicht so leicht, die teilweise sehr kleinen Stahlkugeln im Sand um das Murmelloch wiederzufinden. Je nach Größe tauschten wir die „Stahler" für eine bestimmte Zahl von Lehmbuckern ein. Dieses Geschäft erlebte eine Steigerung, als die beliebten „Glaser" – bunt schillernde Glaskugeln – ins Spiel kamen, die noch höher gehandelt wurden.

Kritisch wurde die Situation allerdings, als neben den Lehmbuckern täuschend gleich aussehende Murmeln auftauchten, die härter gebrannt oder aus marmorähnlichem Material gefertigt waren. Hier half zur Unterscheidung ein zerstörerischer Härtetest – nur die wertvollen harten Murmeln überstanden den Fall aus Kopfhöhe auf die steinernen Gehwegplatten, während die tristen Bucker jämmerlich zerplatzten. Mit zunehmender Fertigkeit wurden unsere Spielbedingungen raffinierter. Als wir das „Einlochen" mit gekrümmtem Finger zu gut beherrschten, konnte der Gegenspieler zur Erhöhung der Schwierigkeit „Kleinfinger-Knips" verlangen, was sich durch den rechtzeitigen Ruf „Stand für alles!" außer Kraft setzen ließ.

Viel Ausdauer, Geschick und Ehrgeiz entwickelten wir bei diesem Spiel, was erstaunliche Spuren in unserem Langzeitgedächtnis hinterlassen hat. Noch heute blitzen beim Anblick einer zufälligen, murmellochähnlichen Vertiefung die damals empfundenen Glücksgefühle der fernen Kindheit auf.

Spielerei

Der lästige Mittagsschlaf wurde selbst uns „großen" Schulkindern in den ersten Jahren zugemutet. Nach dem Mittagessen mussten wir für eine Stunde ins Bett gehen, und das, obwohl alle Erlebnisse des Schulvormittags erst mal verarbeitet werden mussten und an Stillliegen oder gar Schlafen nicht zu denken war. Manchmal versuchten wir, ein kleines Spielzeug mit ins Bett zu schmuggeln oder ein wenig mit den Geschwistern zu flüstern. Wenn das aber alles nicht ging, kamen uns die verrücktesten Beschäftigungen in den Sinn. Eine bestand darin, sich im Kopf Wortkombinationen auszudenken, die wie beim Kreuzworträtsel der Erwachsenen senkrecht und waagerecht einen Sinn ergaben. Weil das aber nur schwer im Kopf zu behalten war, suchten wir nach einer Möglichkeit, dies ohne Papier und Schreibstift zu bewerkstelligen. Da kam es vor, dass die gefundenen Wörter ganz leicht mit einem spitzen Gegenstand – vielleicht einer Sicherheitsnadel – in die Tapete an die Wand geritzt wurden. Das blieb dann allerdings nicht ohne Folgen ...

Die Spielmöglichkeiten in der Wohnung waren sehr eingeschränkt. „Dame", „Mühle" und „Mensch ärgere dich nicht" wurden in der Familie auf häufig selbst gebastelten Brettern und mit Ersatzsteinen, aber nicht minder entwickeltem Ehrgeiz gespielt. Ein von uns Jungen freudig begrüßtes Geschenk war ein Stabilbaukasten, der Aluminium-Bauteile, Schrauben und Muttern enthielt, mit denen wir erste Fertigkeiten beim Zusammenschrauben primitiver Fahrzeuge erwarben. Den Antrieb des Gefährts lieferte ein auf die Hinterachse aufgewickeltes, gespanntes Gummiband.

Weihnachten mit „veredelten" Bäumchen

Selbst in der dunkelsten Nachkriegszeit versuchten die Eltern zu Weihnachten an den Traditionen festzuhalten. Auf irgendeinem Wege trieben sie ein halbwegs ansehnliches Tannenbäumchen auf, das meist mit zusätzlich gesteckten Zweigen „veredelt" wurde. Trotz der in den Anfangsjahren häufigen Stromsperren waren ein paar wenige Kerzen übrig geblieben, die, entsprechend gestückelt, den gewünschten Kerzenglanz ermöglichten. Etwas Lametta und – von uns Kindern sogleich erspäht – einige Süßigkeiten komplettierten den Baum-

schmuck und schufen die herbeige-
sehnte Weihnachtsstimmung.

Das unumgängliche Gedicht und
die nicht enden wollerden Weih-
nachtsgesänge waren für uns
Kinder in all den Jahren das voller
Ungeduld erlebte Vorspiel der
Bescherung. Häufig lag auf dem
Gabentisch die eine oder andere
Köstlichkeit aus dem Weihnachts-
paket der Verwandten im Westen.
Einige unserer Onkel und Tanten
erinnerten sich nämlich sehr gut
daran, wie bereitwillig unsere Eltern
ihnen zum Kriegsende bei ihrer
Flucht von Osten nach Westen
Unterkunft gewährt hatten.

Selige Kinderaugen unterm
Tannenbaum.

Währungsreform

In den späten 40er-Jahren begann sich
die Versorgungslage in Ostdeutschland
langsam zu entspannen. So wurden Ende
1948 die Lebensmittelkarten schrittweise
abgeschafft und die ersten Geschäfte der
Handelsorganisation (HO) eröffnet. In
diesen Läden gab es neben den Grundnahrungsmitteln erstmals einige Waren
des „gehobenen Bedarfs" – allerdings zu
nahezu unerschwinglichen Preisen. Das
galt umso mehr, als bei der vorangegan-
genen Währungsreform im Osten am

23. Juni 1948, nur wenige Tage nach der
Währungsumstellung in den westlichen
Besatzungszonen, die Bürger zunächst
nur 70 Mark in die Hand bekamen.

Die mit den Währungsreformen eingelei-
tete Trennung der beiden Besatzungsge-
biete – hier die russische Zone, dort die
der drei Westmächte – wurde durch die
Gründung der Bundesrepublik Deutschland am 23. September 1949 und die
Gründung der Deutschen Demokratischen
Republik am 7. Oktober 1949 besiegelt.

Junge DDR und Junge Pioniere

Kunststücke der
Spitzenturner.

Pionierleben

Die Deutsche Demokratische Republik (DDR)
wurde am 7. Oktober 1949 gegründet. Der
Gründungstag war in den Folgejahren
gesetzlicher Feiertag, der in den Schulen
gewürdigt wurde. Bei Fahnenappellen und
Feierstunden taten sich besonders die
Jungen Pioniere hervor. Dazu gehörten alle
Schüler, die Mitglied in der 1948 gegründe-
ten Pionierorganisation waren und das mit einem
blauen Halstuch kundtaten. Die vielfältigen Probleme in dieser Übergangszeit
brachten es mit sich, dass die Mitarbeit bei den Pionieren Anfang der 50er-Jahre

Chronik

23. Mai 1949
Das Grundgesetz der Bundesrepublik Deutschland wird verkündet.

7. Oktober 1949
Die Deutsche Demokratische Republik (DDR) wird gegründet.

11./12. Oktober 1949
Wilhelm Pieck wird zum Präsidenten, Otto Grotewohl zum Ministerpräsidenten der DDR gewählt.

19. Juli 1950
Gründung des Zentralrats der Juden in Deutschland.

25. Juli 1950
Walter Ulbricht wird zum Generalsekretär des Zentralkomitees der SED gewählt.

29. September 1950
Die DDR wird Mitglied des Rates für gegenseitige Wirtschaftshilfe.

7. Juli 1951
In den USA wird die erste Fernsehshow in Farbe ausgestrahlt.

31. August 1951
Film „Der Untertan" von Wolfgang Staudte nach dem Roman von Heinrich Mann wird in der DDR uraufgeführt.

1. September 1951
Die „Zehnjahresschule" wird in der DDR eingeführt.

28. September 1951
Das Bundesverfassungsgericht beginnt mit seiner Arbeit.

22. Mai 1952
In Ostberlin wird der „Deutsche Schriftstellerverband" als selbstständige Organisation der DDR gegründet.

1. Juni 1952
Westberliner, die in die DDR reisen, brauchen eine Genehmigung.

23. Juli 1952
In der DDR wird eine Verwaltungsreform beschlossen: Fünf Länder werden durch 14 Bezirke ersetzt.

10. Dezember 1952
Albert Schweitzer erhält den Friedens-Nobelpreis.

nicht durch das „Muss" der späteren Jahre bestimmt war. Obwohl die meisten von uns der Pionierorganisation angehörten, spielte das Pionierleben keine so dominierende Rolle wie in späteren Jahren. Eine Nichtmitgliedschaft hatte in der Regel keine nachteiligen Auswirkungen auf die schulische Entwicklung und den weiteren Werdegang.

Religionsunterricht

Das traf in ähnlicher Weise auf die Teilnahme am Religionsunterricht zu, der uns ab der zweiten Klasse erwartete. Dieser fand zwar nicht, wie in der Verfassung der DDR festgelegt, in schulischen Räumen statt. Das Gros der Schüler traf sich regelmäßig zweimal in der Woche im „Reli"-Raum der Kirche. Das Lernen für den Religions- und später den Konfirmanden-Unterricht haben wir nicht so furchtbar ernst genommen. Dem vom Pastor gewünschten sonntäglichen Kirchenbesuch, der zeitweise sogar auf einer Anwesenheitskarte vermerkt wurde, versuchten wir uns mit immer neuen Ausreden zu entziehen. Trotzdem wurden wir mit 14 Jahren in einer festlichen Zeremonie in der Kirche konfirmiert.

In den Jahren zuvor hatten manche von uns ein Freizeitangebot der Kirche sehr gerne wahrgenommen. In Jugend-

Ausflug mit der Jugendgruppe.

kreisen trafen wir Jungen uns in Gruppen, um unter Führung eines Erwachsenen in der Umgebung unseres Heimatortes zu wandern und Abenteuer zu suchen. Am aufregendsten waren die gemeinsamen Abende am Lagerfeuer und die Nächte in einfachen Holzhütten und Bauden. Mit viel Eifer wurde Holz zusammengetragen, um es bei fröhlichen Gesängen – häufig mit Akkordeon-Begleitung – ins prasselnde Feuer zu werfen. Ans Einschlafen war gar nicht so schnell zu denken, weil irgendwelche Gruselgeschichten erzählt werden mussten.

Wir lernen Russisch

In der Schule wuchsen die Anforderungen mit den Schuljahren erheblich. In der 5. Klasse kamen mit Russisch und Biologie zwei neue Fächer, ab der 7. Klasse Physik und Chemie hinzu. Mit den kyrillischen Buchstaben der russischen Sprache hatten wir anfangs unsere Mühe, aber bald konnten wir erste russische Texte im Lehrbuch ganz gut lesen. Merkwürdig fanden wir nur den Inhalt, der von Heldentaten von Soja Kosmodemjanskaja, einer Partisanenführerin, und Mamlakat Nachangowa, einer Aktivistin der Baumwollernte, handelte. Einfache Texte und Formulierungen aus dem täglichen Sprachgebrauch kamen dagegen selten vor. Das hat sich später sehr gerächt, als wir – voller Selbstbewusstsein nach unserem langjährigen Russischunterricht – das erste Mal auf russische Jugendliche trafen und bei simplen Gesprächen total versagten.

In einem anderen Fach, dem seit Schulbeginn gelehrten Musikunterricht, mussten wir später ebenfalls mangelnde Leistungen unsererseits feststellen. Obwohl wir in den Jahren Volkslieder gesungen haben und uns bis heute an viele Melodien und Liedanfänge erinnern – im „Bedarfsfall" versagten wir leider. An gemütlichen Abenden und beim Singen am Lagerfeuer blieben wir nach den ersten Zeilen meist hängen und wurden häufig durch ausländische Gäste und deren Kenntnis deutscher Volkslieder beschämt.

In manchen Schulen lernen Mädchen und Jungen jetzt gemeinsam.

Aber häufig bleiben sie noch unter sich.

Turnen und Fußball

Für uns Jungen war in der Schule der Sportunterricht ganz wichtig. In den Anfangsjahren war die Körpererziehung teilweise recht einseitig verlaufen, da kaum geeignete Turnhallen und ausgebildete Sportlehrer zur Verfügung standen. Also wurden an manchen Schulen ein paar Runden auf dem Schulhof gedreht, ein wenig Gymnastik getrieben und der Rest der Stunde Fußball gespielt. Als ab der 5. Klasse eine Turnhalle mit richtigen Geräten zur Verfügung stand, hatten die Jungen, die von klein an Turnunterricht gehabt hatten, deutliche Vorteile, die teilweise bis zum Ende der Schulzeit sichtbar blieben.

Unsere körperliche Ertüchtigung resultierte aber nicht nur aus dem schulischen Unterricht, sondern aus den vielen sportlichen Unternehmungen in der Freizeit. An erster Stelle stand natürlich das geliebte Fußballspiel, das nun mittlerweile mit richtigen Lederbällen gespielt wurde. Wenn auf der Straße oder den Schulhöfen das unverkennbare Geräusch eines aufprallenden Fußballs zu hören war, ließen wir Schulhefte und sonstige Utensilien liegen und stürmten los.

Eine andere sportliche Betätigung war das Radfahren, das uns Jungen mit den Jahren mehr und mehr begeisterte. Hier war allerdings vor die lustvolle Ausführung allerhand Schweiß gesetzt, mussten wir doch unser Rad mit primitivstem Material und Handwerkszeug selbst „auf Vordermann" bringen. Vor allem das Reparieren der defekten Bereifung nahm viel Zeit in Anspruch. Auf den porösen Schläuchen wollten die Flicken, die aus alten Schläuchen ausgeschnitten wurden, einfach nicht haften, und die Risse in den abgenutzten Fahrradmänteln mussten provisorisch abgedeckt werden. Wie froh waren wir, wenn solch ein mühsam reparierter Reifen über mehrere Tage die Luft hielt.

Schabernack und Stubenarrest

Wie alle Kinder in dem Alter haben wir in der Freizeit viele weitere Sportarten und Spiele ausprobiert. Für Tischtennis und Schach zum Beispiel – im späteren Leben immer wieder gerne gespielt – wurden die Grundlagen in diesen frühen Jahren gelegt. Im Sommer sind wir oft in den Wald gezogen, um dort Indianer oder Räuber und Gendarm zu spielen. Die Indianer mussten natürlich Federschmuck tragen und bewaffnet sein – selbst gebastelte Speere sowie Pfeil und Bogen kamen mit entsprechendem Geheul zum Einsatz.

Manche von uns haben in dieser Zeit ihre Sammelleidenschaft entdeckt. Waren es zunächst bunte Abziehbilder, die in gefalteten Schulheften fein säuberlich aufbewahrt wurden, kamen später Briefmarken und Postkarten dazu, die eifrig gesammelt und getauscht wurden. Für eine andere, nicht ganz so harmlose Spielerei, die unsere Eltern uns wiederholt verboten haben, verwendeten wir einen Schlüssel mit einem hohlen Schaft, in den wir die phosphorhaltige Zündmasse von Streichholzköpfen stopften. Den Schlüssel am Band gegen die Hauswand zu schleudern, lieferte den erforderlichen Druck für die Zündung der kleinen Sprengladung mit weithin hörbarem Knall. Dass diese Spielerei nicht ganz ungefährlich war, konnte man an dem häufig demolierten Hohlschaft des Schlüssels erkennen. Wurden wir bei dieser Knallerei erwischt, war Stubenarrest oder Vergattern zu Hausarbeiten die Folge.

Wir schaffen das!

Alle müssen mit anpacken

Das Helfen im Haushalt war in diesen Jahren unumgänglich. Nach wie vor gehörte die Versorgung mit Obst und Gemüse sowie mit Heizmaterial zu den dringenden Aufgaben aller Familienmitglieder. Den ständigen Aufforderungen

Auch unsere Vorfahren waren
auf Bäumen heimisch.

unserer Eltern, bei der Gartenarbeit zu
helfen, kamen wir allerdings mit nachlassen-
der Lust nach. Bei einmaligen Aktionen
hingegen, wie zum Beispiel dem Sirupko-
chen, waren wir voller Eifer dabei: Unsere
Eltern hatten mehrere Säcke Zuckerrüben
bei einem Bauern aufgetrieben. Die Rüben
wurden per Hand geschnitzelt und durch
einen Fleischwolf
gedreht, anschlie-
ßend der Saft
ausgepresst und
durch langwieri-
ges Kochen eingedickt. Den ganzen Tag waren wir
in der Waschküche, dem Ort des Geschehens,
vollauf beschäftigt, bis zuletzt die erste süße Probe
genommen wurde.

Holzhacken und Stapeln der Scheite zum Trock-
nen in Holzmieten war für uns Jungen eine zünftige
Aufgabe, an der wir durchaus Spaß hatten.

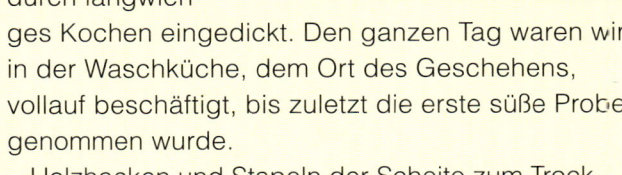

Hier kommt keiner rein.

Erstes Lesevergnügen

Mit zunehmendem Alter kamen anspruchsvollere Freizeitbeschäftigungen
hinzu. Von der Schule dazu angehalten, entdeckten wir die Freuden des
Lesens. Es waren aber nicht die Texte im Schullesebuch, die uns in ihren Bann
zogen, sondern Abenteuer- und Indianerbücher. Robinson Crusoe, Tom
Sawyer und Klaus Störtebeker gehörten zu unseren ersten Helden, deren
abenteuerliche Schicksale uns fesselten. Unvergessen die Geschichte von

Rikki Tikki Tavi, dem unerschrockenen Mungo im Kampf mit den bösen Schlangen. „Onkel Toms Hütte", „Blauvogel" und „Die Söhne der Großen Bärin" waren Bücher, die wir nicht nur einmal verschlungen haben. Später kamen die unvermeidlichen Karl-May-Bücher hinzu, die – da nicht käuflich zu erwerben – im gebrauchten Zustand von Hand zu Hand wanderten. Viele Seiten haben wir bei Taschenlampenlicht unter der Bettdecke gelesen.

Wahre Freunde machen alles zusammen …

Für 50 Pfennig ins Kino

Eine weitere Bildungsquelle dieser Jahre war das Kino, dessen Anziehungskraft wir sehr häufig erlagen. Es gab Zeiten, da pilgerten wir fast wöchentlich ins Lichtspieltheater. Für 50 Pfennige saßen wir meist in der letzten Reihe und folgten voller Spannung den draufgängerischen Abenteuern eines Gérard Philipe oder den Verführungskünsten einer Gina Lollobrigida. Angefangen hatte unsere Kinoleidenschaft im Haus der Jungen Pioniere, wo wir schon für 25 Pfennige Kinderfilme sehen konnten. Häufig gab es dort russische Märchenfilme, die uns sehr gut gefielen.

… wahre Freundinnen auch.

Weltfestspiele 1951 in Berlin

Die Weltfestspiele der Jugend und Studenten, 1947 vom Weltbund der demokratischen Jugend (WBDJ) ins Leben gerufen, dienten der Verständigung und Freundschaft der Jugendlichen aus den verschiedenen Ländern und sollten einen „Beitrag zum Wiederaufbau der Welt und zur Erhaltung des Friedens leisten".

Vom 5. bis 19. August 1951 fanden die III. Weltfestspiele in Berlin statt mit offiziell etwa zwei Millionen deutschen Teilnehmern und 26 000 Gästen aus 104 Ländern. Für die junge DDR bot das Festival die Gelegenheit, sich internationales Ansehen zu verschaffen. Die DDR-Delegation bildeten Mitglieder der Freien Deutschen Jugend (FDJ), deren Vorsitzender seit 1946 Erich Honecker war. Die Veranstaltungen auf dem Treffen waren überwiegend politisch und kulturell geprägt. Von besonderer Brisanz waren die Vorträge und die großen öffentlichen Diskussionsrunden zu Ost-West-Themen. Es wurde aber auch viel Musik gemacht, getanzt und gefeiert. Die Festivalhymne „Im August blüh'n die Rosen" wurde in der DDR wie im Westen ein populärer Schlager. Trotz zeitweiliger Behinderungen durch die westdeutschen Behörden an der innerdeutschen Grenze nahmen mehr als 35 000 Jugendliche aus der Bundesrepublik an dem Festival teil.

Erste Theater- und Konzertbesuche

In diese Jahre fielen unsere ersten Besuche von Theater- und Konzertvorstellungen. Angeregt durch die Behandlung der Stoffe im Deutschunterricht, waren es häufig die Aufführungen der Klassiker wie Goethes „Egmont" oder Schillers „Wilhelm Tell", die unsere ersten Theatererlebnisse prägten. Einige von uns erinnern sich besonders an die Pausen im Theater, da sie Gelegenheit gaben, schnell ein paar Züge aus der heimlich mitgebrachten Zigarette zu nehmen.

Im Vergleich zum Theater war das erste Konzert mit einem großen Orchester viel schwerer zu verkraften. Die Wogen des geballten Orchesterklangs schlugen derart über uns zusammen, dass wir hinterher ziemlich fassungs- und verständnislos unsere Eindrücke zu ordnen versuchten. Abgesehen vom Musikunterricht in der Schule und – in Einzelfällen – von privatem Unterricht bezogen wir unsere Musikerlebnisse meist aus dem Radio.

Radio hören

Es waren vor allem die Schlager jener Jahre, die unsere Hörgewohnheiten dominierten. Viele von uns hörten regelmäßig die wöchentliche Hitparade von Radio Luxemburg, einem Sender, der in der DDR in guter Qualität empfangen werden konnte. Die westliche Unterhaltungsmusik war überhaupt bei uns Kindern viel beliebter als die DDR-Schlager. Ob das begründet war oder mehr aus einem gewissen Oppositionsverhalten resultierte, lässt sich schwer sagen. Auf jeden Fall wurde in diesen Jahren viel Radio gehört, war es doch, da es noch kein Fernsehen gab, wesentlichste Quelle von Nachrichten und Information.

Die Friedensfahrt

Im Radio hörten wir unter anderem die unvergesslichen Reportagen über die Friedensfahrt. Diese Radrundfahrt für Amateure, die als „Tour de France des Ostens" etwas Abwechslung in die triste Nachkriegszeit bringen sollte, führte durch Polen, die Tschechoslowakei und die DDR. Sie hatte ein erstaunlich hohes sportliches Niveau und wurde von uns Jungen begeistert begleitet. Während der Fahrt saßen wir ständig am Radio und warteten auf das vertraute Fanfarensignal, das Streckenberichte und Zielankünfte ankündigte. Diese Fanfare wie auch die markigen Kommentare der Radioreporter hat wahrscheinlich noch jeder von uns im Ohr.

Erst Prüfungen, dann Ferien

In den beiden letzten Jahren der Grundschule lernten wir etwas eifriger, da die Zulassung zur Oberschule bevorstand. Bereits in der siebten Klasse gab es eine Zwischenprüfung, und noch vor den Abschlussprüfungen der achten Klasse erhielten wir Bescheid, ob wir für den Besuch der Oberschule zugelassen waren.

Während für viele unserer Mitschüler frühzeitig feststand, dass sie einen Beruf ohne Abitur ergreifen würden, bemühten wir anderen uns, durch gute schulische Leistungen die Oberschule zu erreichen.

Im Mittel war in jenen Jahren der Anteil der zur Oberschule zugelassenen Schüler mit 10 bis 15 % relativ niedrig, wobei von diesen nicht alle das Abitur machten, sondern die Oberschule mit der „Mittleren Reife" nach der zehnten Klasse verließen. Entscheidendes Kriterium für die Auswahl waren in erster Linie die Zensuren, auch wenn gesellschaftliche Aktivitäten lobend Erwähnung fanden. Wenn allerdings Kinder aus Arbeiter- und Bauernfamilien beziehungsweise aus Familien, die man der Intelligenz zurechnete, vergleichbare Leistungen erbrachten, wurden Erstere bevorzugt. Die offizielle Politik des „Arbeiter- und Bauern-Staates" verlangte eine angemessene Berücksichtigung der betreffenden Kinder, wobei die Zuordnung zu den gesellschaftlichen Schichten ein wenig fragwürdig war.

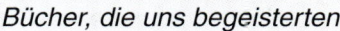

Bücher, die uns begeisterten

„Rikki Tikki Tavi" (Rudyard Kipling)
„Blauvogel" (Anna Jürgen)
„Tom Sawyer" (Mark Twain)
„Onkel Toms Hütte" (Harriet Beecher-Stowe)
„Die Söhne der großen Bärin" (Liselotte Welskopf-Henrich)
„Der Waldläufer" (Karl May)
„Der Schatz im Silbersee" (Karl May)
„Die Heiden von Kummerow" (Ehm Welk)
„Die Vitalienbrüder" (Willi Bredel)
„Wolfsblut" (Jack London)
„Lockruf des Goldes" (Jack London)
„Abenteuer des Schienenstranges" (Jack London)
„Der Schatz der Sierra Madre" (B. Traven)
„Das Totenschiff" (B. Traven)
„Lederstrumpf" (James Fenimore Cooper)
„Don Quijote" (Miguel de Cervantes)
„Die drei Musketiere" (Alexandre Dumas)

Beliebte Lektüre: Karl-May-Bücher.

„Der Doppelmord in der Rue Morgue" (Edgar Allan Poe)
„Das Bildnis des Dorian Gray" (Oscar Wilde)
„Das siebte Kreuz" (Anna Seghers)

Abschied von der Grundschule

Alle gemeinsam haben wir in den beiden letzten Jahren der Grundschule die Exkursionen genossen, die wir nach den anstrengenden Prüfungen zu reizvollen Ausflugszielen im Lande unternahmen. Da waren einmal die klassischen Stätten deutscher Kultur in verschiedenen Gegenden Ostdeutschlands, die uns sehr intensiv und manchmal leicht ermüdend vorgestellt wurden. Zum anderen führten uns ausgedehnte Wanderungen durch sommerliche Wälder und abwechslungsreiche Gebirgslandschaften. Um die Berge auf zünftige Weise zu bezwingen, kauften wir uns damals fast alle einen Wanderstock mit gekrümmtem Knauf und metallbewehrter Spitze. Auf diesem Wanderstab wurden die Stocknägel befestigt, die wir als typisches Markenzeichen in jedem Ort unserer Wanderung erwarben. Es war schon ein lustiges Bild, solch eine Truppe junger Burschen mit bunt verzierten Krückstöcken über Wege und Straßen ziehen zu sehen.

Das Ende der Grundschulzeit mit dem Abschluss der achten Klasse markierte einen gravierenden Einschnitt in unserer Entwicklung. Wir waren unserer naiv-kindlichen Denkweise langsam entwachsen und wollten in der Welt der Erwachsenen ernst genommen werden. Die einen beendeten ihre schulische Ausbildung, um sich nach einer Lehrzeit ins berufliche Leben zu stürzen. Die anderen wechselten an eine neue Schule mit neuen Klassenkameraden, um weiter die Schulbank zu drücken und die Mittlere Reife oder das Abitur zu erlangen.

Der Wechsel an die Oberschule bedeutete zunächst einmal Abschiednehmen von unserem gewohnten Umfeld, den Lehrern und Mitschülern. In einer würdigen Abschlussfeier, vom Schulchor und Rezitationen junger Schüler umrahmt, wurden uns die Zeugnisse mit vielen gut gemeinten Ratschlägen

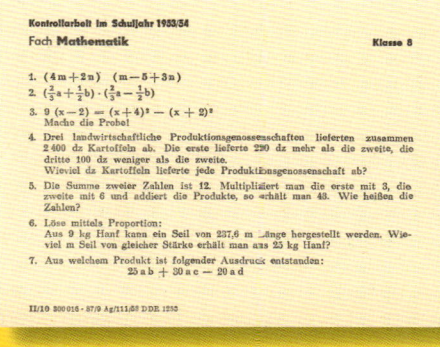

Klassenarbeit in Mathe.

Klassenarbeit in Russisch.

für das weitere Leben überreicht. Unseren Dank an die Lehrer überbrachte der Klassensprecher in wohl formulierten Worten, gefolgt von kleinen künstlerischen Darbietungen, die wir für diesen Zweck eingeübt hatten. Wenige Tage später brachen wir zu unserer letzten gemeinsamen Ferienfahrt auf.

Friedensfahrt

Die „Internationale Radfernfahrt für den Frieden" wurde erstmals 1948 ausgetragen und führte von Warschau nach Prag. Ab 1952 wurde Ostberlin einbezogen. Die Rundfahrt, die jährlich im Mai startete, verband die drei Hauptstädte in wechselnder Reihenfolge. Sie war bis 1989 das bedeutendste Amateur-Etappenrennen der Welt und im Osten so populär wie die Tour de France im Westen. Die ebenfalls teilnehmenden westeuropäischen Mannschaften konnten nur mit Nachwuchsfahrern ohne Profistatus starten.

Neben der Einzelwertung hatte bei diesem Rennen die Mannschaftswertung einen hohen Stellenwert. Vor allem die Jugendlichen in der DDR verfolgten die Friedensfahrt mit großem Interesse und fieberten mit ihren Idolen, zu denen unter anderem Gustav Adolf Schur („Täve") und Klaus Ampler gehörten. Zur Identifikation trug die Friedensfahrtfanfare bei, die zum Beginn jedes Streckenberichts im Radio gespielt wurde.

Radfahrer bei der Friedensfahrt.

Neue **Weltbilder**

Jungen und Mädchen auf einer Schulbank

Für viele von uns, die nun zwei oder vier Jahre auf der Oberschule zubringen sollten, begann die neunte Klasse mit einer uns emotional sehr berührenden Neuerung: Zum ersten Mal saßen Jungen und Mädchen gemeinsam auf der Schulbank. Dieser Umstand spielte eine größere Rolle, als wir zunächst wahrhaben wollten, fiel er doch in die Zeit unserer aufkeimenden Neugier auf das andere Geschlecht.

Sicher hatten wir Jungen bereits erste schüchterne Versuche gestartet, von den Mädchen wahrgenommen zu werden. So sollte das Zwinkern mit den Augen ein eindeutiger Wink für die Angebetete sein. Aber so hautnah nebeneinander in der Bank zu sitzen, ging wesentlich weiter und führte zu bisher nicht gekannten Gefühlen. Die daraus resultierenden Verhaltensweisen waren ganz

Chronik

5. März 1953
Stalin stirbt in Moskau.

10. Mai 1953
Chemnitz wird in Karl–Marx–Stadt umbenannt.

17. Juni 1953
Der Streik gegen die Normenerhöhung weitet sich zum Aufstand in der DDR aus.

4. Juli 1954
Die Mannschaft der Bundesrepublik Deutschland wird Fußballweltmeister mit einem 3:2-Sieg über Ungarn in Bern.

10. Dezember 1954
Max Born und Walther Bothe erhalten den Physik-Nobelpreis.

27. März 1955
Die erste Jugendweihe findet in Ostberlin statt.

14. Mai 1955
Der Warschauer „Vertrag über Freundschaft, Zusammenarbeit und gegenseitigen Beistand" wird unterzeichnet.

4. September 1955
Die deutsche Staatsoper „Unter den Linden" wird in Ostberlin wiedereröffnet.

3. Januar 1956
Die Erstsendung des „Deutschen Fernsehfunks" der DDR findet statt.

18. Januar 1956
Die Volkskammer der DDR beschließt die Schaffung der Nationalen Volksarmee (NVA).

25. Februar 1956
Chruschtschow enthüllt die Verbrechen Stalins auf dem XX. Parteitag der KPdSU.

23. Oktober 1956
Beginn des Volksaufstands in Ungarn.

4. Oktober 1957
Die UdSSR sendet den ersten künstlichen Erdsatelliten „Sputnik" ins All.

11. Dezember 1957
Das unerlaubte Verlassen der DDR gilt ab sofort als Republikflucht.

Konzentriert bei der Sache.

unterschiedlich: Während manche Jungen sich ritterlich mühten, den Mädchen mit allen Aufmerksamkeiten zu gefallen, kehrten die anderen das Raubein hervor und titulierten ihre bemühten Klassenkameraden als „Weiberhelden".

Bald kamen Eifersüchteleien auf, die nicht ohne Einfluss auf die kameradschaftlichen Beziehungen untereinander blieben. Wir holten in diesen Jahren nach, was für gleichaltrige Jugendliche, die viel früher in gemischten Klassen unterrichtet wurden, weit weniger problematisch war. Einige von uns brauchten etwas länger, um zu einem natürlichen und lockeren Umgang mit dem anderen Geschlecht zu finden und sich nicht bei jeder harmlosen Situation allzu tiefsinnige Gedanken zu machen.

15. bis 18. Lebensjahr

In der Oberschule

In der Oberschule mühten wir uns nach wie vor intensiv mit der russischen Sprache. Neue, für unsere späteren Berufe wichtige Sprachen kamen hinzu. In den Klassen mit verstärkter Sprachausbildung wurden entweder Englisch und Latein (in den A-Klassen) oder Latein und Griechisch (in den C-Klassen) gelehrt. Die Absolventen der A-Klassen waren besonders für medizinische Berufe befähigt, weshalb in diesen Klassen der Anteil der Mädchen deutlich überwog. Dafür waren die Jungen in den B-Klassen in der Überzahl, die vorrangig der Ausbildung für naturwissenschaftliche und technische Berufe dienten. In diesen Klassen wurde Englisch als zusätzliche Fremdsprache gelehrt, und das meist für nur zwei Jahre, was im Hinblick auf die späteren Anforderungen sicher zu wenig war.

Wie bereits in den letzten Jahren der Grundschule, hatten wir Schüler- tagebücher zu führen. Dabei wurden nicht nur in jedem Fach die Hausauf- gaben für die Folgetage eingetragen. Viel wesentlicher war, dass sich darin alle Zensuren für mündliche und schriftliche Leistungen wiederfanden. Darüber hinaus konnten die Lehrer das Tagebuch nutzen, um den Eltern während des Unterrichts erteilte Tadel oder – was viel seltener vorkam – ein Lob mitzuteilen.

Wir sind schon eine dufte Truppe.

Volksaufstand am 17. Juni 1953

In den Tagen um den 17. Juni 1953 kam es in der DDR zu Streiks und Protestdemonstrationen, die breitere Schichten der Bevölkerung erfassten und daher als Volksaufstand bezeichnet wurden. Ursache war die angespannte ökonomische Lage. Es traten zunehmend Engpässe in der Versorgung mit Grundnahrungsmitteln auf. Der von der Regierung angekündigte bevorzugte Ausbau der Schwerindustrie zu Lasten der Lebensmittel- und Konsumgüterindustrie drohte die Lage weiter zu verschlechtern. Dazu kam eine relativ große Abwanderungsbewegung nach Westdeutschland, die die ökonomischen und sozialen Probleme verschärfte.

Als die Erhöhung der Arbeitsnormen um 10 Prozent verkündet wurde, kam es am 16. Juni auf Berliner Großbaustellen zu ersten Arbeitsniederlegungen. Dem Protestzug der Bauarbeiter schlossen sich viele Arbeiter und weitere unzufriedene Werktätige an. Ging es zunächst nur um die Rücknahme der Normerhöhungen, weiteten sich die Forderungen der Demonstranten schnell aus, bis hin zu freien Wahlen und dem Rücktritt der Regierung. Am 17. Juni formierten sich Protestzüge in mehreren Hundert Orten der DDR, vorrangig in den traditionellen Industrie-Revieren wie in Berlin und im Chemiedreieck um Halle. Dabei kam es nicht nur zu Streiks und Kundgebungen, sondern vereinzelt zu Gewalttätigkeiten mit tödlichem Ausgang. Die Polizei war nicht mehr Herr der Lage.

Die sowjetischen Behörden reagierten mit der Verhängung des Ausnahmezustands um 13 Uhr in Berlin und zeitversetzt in den meisten anderen Städten der DDR. Panzer fuhren auf. Eine große Verhaftungswelle lief an, die zahlreiche Verurteilungen – einschließlich sieben Todesurteile – zur Folge hatte. Zum Gedenken an den Aufstand wurde der 17. Juni in der Bundesrepublik zum gesetzlichen Feiertag erklärt.

Blaues Hemd statt blauem Halstuch

Während die Mitgliedschaft in der Pionierorganisation zu unserer Zeit meist noch relativ lax gehandhabt wurde, traten wir in der neunten Klasse nahezu geschlossen der Freien Deutschen Jugend (FDJ) bei. Das blaue Halstuch der Pioniere wurde durch ein blaues Hemd ersetzt, das wir FDJler bei offiziellen und politischen Anlässen zu tragen hatten. Solche Anlässe ergaben sich häufiger für unsere FDJ-Funktionäre, die an Delegierten-Konferenzen, Deutschlandtreffen oder an internationalen Jugendtreffen teilnahmen.

Für das Gros der einfachen Mitglieder spielte sich das FDJ-Geschehen dagegen zumeist in der Schule ab. Uns interessierten besonders die vielfältigen

Arbeitsgemeinschaften,
die angeboten wurden.
Wir Jungen werkelten
vorwiegend in mehr
technisch ausgerichte-
ten Arbeitsgruppen,
zum Beispiel für Flug-
modellbau oder Rund-
funktechnik. Die Mädchen dagegen bevorzugten Theater- oder Fotozirkel.
Auch kulturelle Aktivitäten wie das Singen im Schulchor, die Ausgestaltung
von Schulfeiern und von Klassenfahrten zu interessanten Kulturstätten liefen
unter der Ägide der FDJ.

Eine Veranstaltung von ganz besonderem Charakter war der Schulfasching,
den wir in der Schule selbst, aber auch auf den umliegenden Straßen mit
großem Hallo feierten.

Zünftige Faschingskostüme sowie die nötige Erfahrung für deren Anfertigung
fehlten uns. Wer also keine Beziehungen zu Theaterwerkstätten hatte, um sich
dort ein passendes Kostüm
auszuleihen, der war auf
eigene Einfälle angewiesen.
Bei uns Jungen sahen diese
so aus, dass weiße lange
Unterhosen – deren kritischer
Schlitz mit schwarzem Zwirn
vernäht war – und ein salop-
pes Oberhemd die Narren
zierten. Genauso einfallsreich
waren unsere Gesänge und
die mitgeführten Lärminstru-
mente. Es ging richtig hoch
her in unserer sonst so
braven Schule!

Faschingstrubel mit selbst
gefertigten Kostümen.

Walzerrhythmen im Clubraum

In unseren nunmehr gemischten Schulklassen verstanden sich die Jungen und Mädchen mit der Zeit zunehmend besser. Erste Pärchen fanden sich bei Spaziergängen auf dem Schulhof oder auf dem Schulweg. Wenn wir wussten, wo das begehrte Mädchen wohnte, warteten wir vor Schulbeginn an einem geeigneten Ort, um ganz zufällig aufzukreuzen und den Weg zur Schule zu zweit zu nehmen. Was lag da näher, als nach gemeinsamen Unternehmungen nach der Schule zu suchen!

Von den Mädchen, die in dieser Kunst schon Übung hatten, kam die Anregung, uns das Tanzen beizubringen. Anfangs etwas zögerlich, waren wir schnell mit großem Eifer dabei. Meist fanden wir außerhalb der Schule, zum Beispiel in Clubräumen von Betrieben, den geeigneten Platz für unsere Übungen. Bevorzugt wurden Clubräume mit einem Klavier, denn für die notwendige Tanzmusik sorgten wir selbst. Irgendeiner von uns war meist in der Lage, ein paar einfache Foxtrott- oder Walzerrhythmen auf dem Klavier zu spielen. Aufmerksam folgten wir den Anweisungen unserer Partnerinnen, stets auf der Hut, ihre Zehen bei unseren ungeschickten Tanzschritten nicht zu sehr zu malträtieren.

Es war schon bewundernswert, wie geduldig und nachsichtig sich die Mädchen um unsere Fortschritte mühten. Die meisten von uns haben an diesen Abenden doch so viel gelernt, dass sie bei Klassen- und Schulfesten auf dem Parkett ganz gut mithalten konnten. Einige von uns haben ihre Tanzkünste später bei regulärem Tanzunterricht weiter vervollkommnet, für viele waren aber die Tanzübungen mit den Klassenkameraden die einzige Schule für derartige Vergnügungen im späteren Leben. Das lag auch daran, dass öffentliche Tanzveranstaltungen von uns kaum besucht wurden.

Freie Deutsche Jugend

Die Freie Deutsche Jugend (FDJ) wurde formell am 7. März 1946 in der damaligen sowjetischen Besatzungszone gegründet. Ihr gehörten in der Folgezeit die meisten Jugendlichen der DDR im Alter zwischen 14 und 25 Jahren an, Studenten und Lehrer häufig bis 30 Jahre. Obwohl freiwillig, war eine normale schulische oder berufliche Ausbildung ohne FDJ-Mitgliedschaft kaum denkbar. Die Organisation der FDJ-Arbeit erfolgte in Grundorganisationen in Schulen, Hochschulen und Betrieben. Neben ihrer ideologischen Zielsetzung, die Jugendlichen zu „klassenbewussten Staatsbürgern" zu erziehen, bestand die Hauptaufgabe in der Freizeitbetreuung.

Die FDJ war in nahezu allen Bereichen vertreten, mit denen man als Jugendlicher in der DDR Kontakt hatte. Die Klub- und Kulturhäuser sowie die Diskotheken standen unter FDJ-Aufsicht. Kultur-, Sport- und sonstige Freizeitaktivitäten wurden nahezu ausschließlich von der FDJ organisiert. Ihr publizistisches Organ war die „Junge Welt", eine Tageszeitung mit hoher Auflage. Die Reiseagentur „Jugendtourist" vergab Jugendreisen und unterhielt zahlreiche Jugendhotels. An den politischen Großveranstaltungen wie den Deutschlandtreffen 1950 und 1954 nahmen viele Hunderttausende Jugendliche aus der ganzen DDR teil. FDJ-Brigaden arbeiteten an speziellen Jugendobjekten mit, zum Beispiel in der Sowjetunion an der Erdgasleitung „Drushba" und der Eisenbahnstrecke „Baikal-Amur-Magistrale" (BAM).

Unterwegs

Die Radtouren, die wir im Freundeskreis unternahmen, wurden ausgedehnter und hatten neben der sportlichen Seite den positiven Effekt, dass wir unsere heimatliche Umgebung auf diese Weise sehr intensiv kennenlernten. Häufig nahmen wir ein Zelt mit, sodass neben der Übernachtung für stimmungsvolle Abende unterm Sternenhimmel gesorgt war.

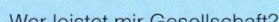

Wer leistet mir Gesellschaft?

Unser Interesse an Musik, Kino und Theater hatte mit den Jahren weiter zugenommen. Viele begeisterten sich für die Schlagermusik der Westsender, waren regelmäßige Hörer der „Schlager der Woche" des Rias. Für sie waren Elvis Presley, Bill Haley, Freddy Quinn, Caterina Valente und Peter Kraus die absoluten Stars. Andere hörten neben Unterhaltungsmusik Operetten- oder Opernmelodien im Radio. Einen Plattenspieler besaßen nur wenige. Beim Besuch interessanter Filme und Theaterstücke nutzten wir die Schüleranrechte mit verbilligten Eintrittspreisen.

Das erste Zelt – noch ohne Boden.

Reiselust und Grenzgänge

In dieser Zeit nahm unser Drang, über das heimische Umfeld hinaus etwas mehr vom Land und von der Welt zu sehen, drastisch zu. Bisher erhielten wir lediglich bei unseren Klassenfahrten und den eher seltenen Ferientouren mit den Eltern ein paar Eindrücke von anderen Städten und Landschaften. In der Kindheit hatten unsere Eltern meist weder die Mittel noch die Zeit, um größere Reisen mit uns zu unternehmen. Jetzt wollten wir uns auf eigene Faust umsehen und unseren Horizont erweitern.

Die Möglichkeiten waren allerdings beschränkt. Wer nicht über die FDJ oder den Sportverein die seltene Chance zu einer größeren Reise bekam, musste versuchen, privat etwas zu unternehmen. Besuche in der anderen deutschen Republik waren von besonderem Reiz und waren ohne größere Hemmnisse möglich. Jeder, der Verwandte oder Freunde „im Westen" hatte, nahm die Gelegenheit wahr, den so verfemten Kapitalismus direkt in Augenschein zu nehmen. Wer im grenznahen Bereich wohnte oder die Bahnfahrt nach Berlin

nicht scheute, ging auf eigene
Faust über die Grenze, um sich
„drüben" umzusehen. Meist blieb
es beim Schauen, da es uns am
nötigen Kleingeld mangelte. Umso
mehr haben wir es genossen,
dass wir in manchen Kinos den
Eintritt 1:1 mit Ostgeld bezahlen
konnten.

Für unseren Sport genügt
eine Hofecke.

Unvergessene Filme der 50er-Jahre

„Der Rat der Götter" (DEFA 1950, von
Kurt Maetzig)
„Der Untertan" (DEFA 1951, von Wolfgang
Staudte)
„Das kalte Herz" (DEFA 1950, von Paul
Verhoeven)
„Schwarzwaldmädel" (1950, mit Sonja
Ziemann und Rudolf Prack)
„Sie tanzte nur einen Sommer" (1951, mit
Ulla Jacobsson)

Ulla Jacobsson und Folke Sundquist in
„Sie tanzte nur einen Sommer".

„Die Geschichte vom kleinen Muck"
(DEFA 1953, von Wolfgang Staudte)
„Wenn der weiße Flieder wieder blüht"
(1953, mit Magda Schneider und Willy
Fritsch)
„Der Graf von Monte Christo" (1953, mit
Jean Marais)
„Die Kartause von Parma" (1947, mit
Gérard Philipe)
„Fanfan, der Husar" (1952, mit Gérard
Philipe und Gina Lollobrigida)
„Rot und Schwarz" (1954, mit Gérard
Philipe und Antonella Lualdi)
„Aufenthalt vor Vera Cruz" (1953, mit
Gérard Philipe und Michèle Morgan)
„Lohn der Angst" (1953, mit Yves Montand
und Peter van Eyck)
„Hexenjagd" (1957, mit Yves Montand)
„Liebe, Brot und Phantasie" (1953, mit
Gina Lollobrigida und Vittorio De Sica)
„Liebe, Brot und tausend Küsse" (1956,
mit Sophia Loren und Vittorio De Sica)
„Der Glöckner von Notre Dame" (1956,
mit Gina Lollobrigida und Anthony Quinn)
„La Strada" (1954, mit Giulietta Masina
und Anthony Quinn)
„Gas-Oil" (1955, mit Jean Gabin)
„Die Elenden" (1958, mit Jean Gabin)

Offizielle und private Weltbilder

Glücklicherweise standen uns Informationsquellen wie die westlichen Radio-
sender zur Verfügung. Wir hörten nicht nur deren Musikprogramme, sondern
interessierten uns ebenso für die Berichte aus dem gesellschaftlichen Leben
im anderen Teil Deutschlands. So haben nur wenige von uns die legendäre
Übertragung des Endspiels der Fußballweltmeisterschaft aus dem Berner
Wankdorf-Stadion versäumt. Unser Jubel nach dem Sieg der westdeutschen
Mannschaft war riesengroß. Wir empfanden – wie sicher viele unserer Lands-
leute – diesen Sieg als Erfolg für das gemeinsame Nachkriegsdeutschland.

Schnell merkten wir, dass die politischen Argumente der Westkommentato-
ren sehr tendenziös waren, wenn über die Ostzone oder die „sogenannte
DDR" berichtet wurde. Das führte dazu, dass wir uns sehr bald ein eigenes
Urteil zu bilden suchten und
politische Entwicklungen aufmerksam und kritisch verfolgten. Dabei
gerieten wir in ein ernsthaftes
Dilemma, das ganz typisch für
große Teile der heranwachsenden
Jugend in der DDR werden sollte:
den Gegensatz zwischen der
offiziell vertretenen und der im
privaten Familien- und Freundeskreis geäußerten Meinung. Diesen
Konflikt haben wir in unserer
Jugend ganz bewusst erlebt und
letztendlich als unumgänglich
akzeptiert. Unserer persönlichen
Entwicklung geschadet hat er
aber kaum, da auf diese Weise
unsere differenzierte und kritische
Sicht der Dinge befördert wurde.

Verkleideter Schutzpatron
vor der Schule.

15. bis 18. Lebensjahr

Was uns aber besonders getroffen und erregt hat, war das weitgehende Fehlen einer kritischen Diskussion über offen zutage getretene Missstände. Dazu gehörte das Unverständnis über die so weit reichende Einschränkung persönlicher Freiheiten wie die des Reisens, des freien Zugangs zu Büchern, Musik und Kunsterzeugnissen der anderen Welt. Das hat unsere Jugendzeit geprägt und damit sicher den späteren Lebensweg des einen oder anderen maßgeblich beeinflusst.

Fußballweltmeister 1954

Erstmals nach dem verlorenen Krieg nahm eine deutsche Mannschaft wieder an einer Weltmeisterschaft im Fußball teil. Haushoher Favorit auf den Titel war die Mannschaft aus Ungarn mit ihrem Kapitän Ferenc Puskas. Die deutsche Mannschaft dagegen war nur Außenseiter. Die Gruppeneinteilung wollte es, dass beide Mannschaften schon in der Vorrunde aufeinandertrafen. Die Ungarn gewannen 8:3 und die deutschen Anhänger waren geschockt.

Der alte Trainerfuchs Sepp Herberger aber hatte weitergedacht und nicht die stärkste Formation gegen die Ungarn

aufgestellt. Tatsächlich setzte sich Deutschland anschließend gegen die weiteren Gegner durch und kam ins Endspiel. Wieder gegen Ungarn! Als die deutsche Mannschaft schon nach acht Minuten 0:2 zurücklag, befürchteten alle eine Wiederholung des Vorrundendebakels. Aber die Deutschen glichen noch vor der Pause aus, und in der 84. Minute erzielte Helmut Rahn den legendären Siegtreffer zum 3:2. Ganz Deutschland jubelte. Ein neues „Wir-Gefühl" ließ die Probleme der Nachkriegszeit für einige Zeit in den Hintergrund treten.

Jubel der deutschen Spieler nach dem Finalsieg.

Junge Damen –
moderne Autos.

Hart verdientes Geld

Wie unsere ehemaligen
Schulkameraden, die
teilweise ihre Lehre bereits
beendet und ersten Lohn
erhalten hatten, wollten auch
wir Oberschüler erfahren,
wie angenehm sich selbst
verdientes Geld anfühlt. Dafür waren wir bereit, in der schulfreien Zeit
jede Arbeit anzunehmen, so anstrengend, langweilig oder schmutzig sie war.

Anfangs landeten wir häufig bei Transportarbeiten, bei denen alle erdenkli-
chen Waren von Lebensmitteln und Getränken bis hin zu Getreide und Bau-
stoffen zu befördern waren. Dort wurde meist nur für einen Tag angeheuert,
aber der Tageslohn sofort in bar ausgezahlt: Der Stundenlohn für diese Hilfsar-
beiten lag bei etwa 1,20 Mark.

Lässige Jungs – schnittige Autos.

Mit dem verdienten Geld haben wir uns einige unserer sehnlichsten Wünsche erfüllt. Dazu gehörte zum Beispiel die technische Aufrüstung unserer Fahrräder. Wie oft hatten wir neidisch auf unsere Kameraden geschaut, die mit einer Gangschaltung leichtfüßig einen Berg hinauffuhren. Nun konnten wir es ihnen endlich gleichtun! Andere legten sich ein tragbares Radio oder einen Plattenspieler zu, um ihre vielfältigen Musikwünsche zu befriedigen. Die Anschaffung von „schicken" Klamotten spielte bei uns Jungen kaum eine Rolle, während die Mädchen – wenn sie denn ähnliche Verdienstmöglichkeiten wahrnahmen – ihr Geld eher für ein schönes Kleidungsstück ausgaben. So tauchten in der DDR Petticoats als modische Knüller auf, die entweder von der Westtante mitgebracht oder zum offiziellen Umtauschkurs im Westen gekauft waren.

Wir werden erwachsen

Flotte Teenager.

So waren wir nun mit unseren achtzehn Lenzen im Kreise der Erwachsenen angekommen! Wir hatten unsere schulische Ausbildung abgeschlossen und waren voller Elan, etwas „im Leben zu leisten". Diejenigen, die ihre Lehrausbildung beendet hatten, wurden an ihrem Arbeitsplatz im Betrieb voll gefordert. Wir anderen strebten das Studium an einer Hochschule oder Universität mit höherer Arbeitsbelastung an. Auch wenn die meisten Studenten in der DDR ein kleines Stipendium erhielten, versuchten viele – zumindest in den Semesterferien – ihre finanziellen Möglichkeiten durch Gelegenheitsarbeit ein wenig aufzubessern.

Die meisten von uns verließen zum ersten Mal das elterliche Zuhause

Erste zarte Bande werden geknüpft.

und mussten in fremder Umgebung allein zurechtkommen. Wir fuhren zwar in regelmäßigen Abständen nach Hause, nicht zuletzt, um unsere Schulfreunde wiederzutreffen. Die neuen Aufgaben aber mussten wir selbstständig und aus eigener Kraft bewältigen.

Und das ist uns – wie wir später feststellen konnten – in der Regel recht gut gelungen. Während die einen in ihren angelernten Berufen zu Ansehen kamen, haben die anderen ihr Studium, wenn auch nicht immer in der ursprünglich gewählten Fachrichtung, mit Erfolg zu Ende gebracht. Dabei waren die guten Grundlagen unserer Erziehung in Elternhaus und Schule sicher eine entscheidende Voraussetzung.

Unsere Eltern haben alles getan, um uns trotz der schwierigen Nachkriegszeit eine weitgehend unbekümmerte Kindheit zu ermöglichen und uns zu kritisch und selbstständig denkenden Jugendlichen zu erziehen. In der Schule hatten nicht nur die älteren bewährten Lehrer, die uns nach dem Kriege unterrichteten, Anteil an unserer erfolgreichen Ausbildung, sondern auch die Junglehrer, die häufig nur wenig älter als wir selbst waren.

Trotz der teilweise sehr kritischen ideologischen Auseinandersetzungen in dieser konfliktreichen Zeit konnten schärfere Konfrontationen mit gravierenden Auswirkungen auf die Schüler vermieden werden. Man kann wohl feststellen, dass das Gros der „Kriegskinder" die vielfältigen Probleme ihrer Kindheit und Jugend bewältigt hat, ohne ernsthaften Schaden zu nehmen. Dass wir in den Nachkriegsjahren nicht immer genug zu essen hatten, hat uns nicht geschadet, sondern bedingte eher den positiven Effekt, dass wir im späteren Leben Nahrungsmittel nur selten verkommen ließen. Und die Solidarität und Improvisationskunst, die uns die Nachkriegsjahre so eindringlich gelehrt haben, halfen uns auch in späteren Jahren so manchen Mangel im täglichen Leben zu überwinden.